Souscription et Prospectus

D'une Brochure destinée à être répandue dans toutes les communes,

ET QUI A POUR TITRE :

LA FRANCE FLORISSANTE PAR LA GUYANE

ET DE NOMBREUSES INFORTUNES DISSIPÉES.

> Dieu confie aux règnes énergiques l'accomplissement des grandes choses et la régénération des peuples.

La France peut devenir le plus florissant et le plus puissant *Empire*, sans troubler la paix de l'Europe, en élevant *l'Algérie et la-Guyane* au degré de prospérité que ces deux grandes *Vice-Royautés* sont dans le cas d'acquérir sous l'impulsion d'un pouvoir médiatif et lumineux.

En ce qui touche *la Guyane*, voilà bientôt deux siècles que la France en possède la souveraineté, sans fruits utiles pour la métropole comme pour l'humanité, tandis que les autres colonies américaines, qui sont sous l'influence de puissances étrangères, se peuplent comme par enchantement et prospèrent depuis bien des années.

Indiquer dès lors les moyens de colonisation employés avec un immense succès par de plus heureux rivaux ;

Procurer au commerce, ainsi qu'à la navigation maritime de la France, un essor inconnu jusqu'à ce jour ;

Procurer dans cette contrée, favorisée d'un printemps perpétuel, une aisance progressive et rapide à *un million* d'honnêtes familles, qui ne possèdent qu'un avoir médiocre, insuffisant pour leur assurer ailleurs un sort avantageux ;

Encourager à leur suite l'émigration successive, mais à termes rapprochés, de *deux millions* de malheureux prolétaires pour qui la mère-patrie n'a que des misères en perspective, tandis que la Guyane leur garantit l'abondance en échange de légers travaux, qui aboutiront, en fin de compte, à la jouissance d'une propriété transmissible à leurs familles ;

Suivre l'exemple d'équité donné par *Bonaparte*, premier consul, en restituant, *sans déboursé pour le Trésor*, à trente mille familles infortunées, et jadis opulentes, *plus de deux cents millions de francs* composant le *fonds de réserve* du milliard fictif d'indemnité que le gouvernement de Juillet a très injustement ravi aux tristes victimes des spoliations du règne de la Terreur ;

Prouver qu'après le remboursement fait, en terres coloniales, du *fonds de réserve* précité ; le gouvernement français retirerait encore au moins *trois cents millions* de la vente (10 francs l'hectare) des autres terres domaniales de l'Etat, applicables à des chemins de fer, canaux, etc., etc., nécessaires à la splendeur de la Guyane ;

Prouver, par des documents irrécusables et officiels, comme par les récits de nombreux voyageurs, qui ont parcouru la contrée dans un espace de quinze ans, que la Guyane française offre aux personnes prudentes aussi peu de chances de mortalité que les capitales de l'Europe ;

Prouver que tous les éléments de la nature y sont prodigues des productions les plus riches et les plus variées, tant pour l'alimentation des colons que pour leur commerce intérieur et extérieur ;

Prouver enfin, par l'exemple des Anglo-Américains, qu'une famille qui acquiert au prix de mille à douze cents francs, — tous frais compris, — un domaine de trente à quarante hectares, peut léguer une existence des plus honorables à sa postérité.

Tel est le but du *plan de colonisation pratique de la Guyane*, que nous exposons dans une Brochure, qui sera publiée aussitôt que deux cents souscriptions à cinq francs couvriront les frais de ce *vade-mecum* destiné au soulagement d'infortunes respectables, ainsi qu'à la réparation de nombreuses rigueurs du destin.

Puisse l'humanité des âmes généreuses faire fructifier cette conception de bien-être général, en aidant à propager la lumière de *vérités utiles* chez les esprits irrésolus ou faussement prévenus, dont le bonheur a besoin du concours de tous les hommes de bien qui honorent la société, aussi bien que des nobles et patriotiques encouragements des grands corps politiques de l'Etat.

PARIS, 26 AVRIL 1852.

Cte **DU PARC D'AVAUGOUR,**

Quai Voltaire, 7.

<table>
<tr>
<td>BULLETIN de SOUSCRIPTION.</td>
<td>

Je souscris pour la somme de

NOTA. Signer ce bulletin, mettre son adresse et sa qualité, et l'envoyer à l'Auteur, *Quai Voltaire, 7.*

Chaque Souscription de 5 francs, donne droit à quatre exemplaires.

</td>
</tr>
</table>

Typographie Ve Carré et Cie, Impasse de la Grosse Tête, 5. — Maison, passage du Caire, 78 et 79.

LA FRANCE

Rendue Florissante par la Guyane !

Tel est le titre d'une Brochure que je dois faire paraître chez LEDOYEN, *Palais-Royal.*

Le prix de souscription est de **5** fr. pour 3 Exemplaires, *franco.*

Veuillez y souscrire à mon adresse.

Après avoir *prouvé* que la Guyane est une contrée magnifique, salubre et abondante, j'en prends occasion de réclamer de l'Etat, en terres de cette colonie, le remplacement de *deux cents millions de francs* dûs aux héritiers des émigrés *spoliés* en **1793**, et de nouveau en **1831**, *au mépris de la loi d'indemnité du* **27** *avril* **1825.**

Le bonheur de 20 à 30,000 familles honorables en dépeud.

« Les **Confiscations** sont le plus cher aliment de l'*Hydre du Communisme,*
« qui profite des mauvaises tendances qu'elles inspirent. »

« Malheur ! trois fois malheur aux pères de famille et à leurs alliés inté-
« ressés dans ce débat, s'ils ne joignent pas *leurs vingt mille voix désespérées*
« à notre voix solitaire ! Leur postérité reprocherait alors amèrement à
« leur mémoire *la misère sans remède et sans fin* que le lâche silence de leurs
« pères leur aurait infligée ; car cette occasion négligée, toute chance de
« justice réparatrice est à jamais perdue, *et l'on verra des hommes de bien et*
« *d'honneur plus mal partagés que des forçats souillés de crimes* !!!... »

« Montmorency-Boutteville, décapité sous Louis XIII pour s'être battu en
« duel, ayant entendu lire son arrêt, qui condamnait en même temps ses
« enfants à perdre leurs biens et leurs titres de noblesse, prononça sur l'écha-
« faud ces paroles mémorables : « *J'y consens, s'ils n'ont pas la vertu des nobles*
« *pour s'en relever* !... (Son fils devint le Maréchal Duc de Luxembourg,) »

« Puissent les hommes de noblesse et les nobles de cœur graver en traits de
« feu ces paroles dans leur âme ! Il n'y a nulle honte à succomber sous la
« hache de l'injustice, mais il y en aurait beaucoup à végéter lâchement et
« misérablement dans l'abaissement, lorsque Dieu et l'honneur ont mis aux
« mains de l'homme courageux le talisman destiné à le faire triompher des
« *épreuves* plus ou moins prolongées du sort. Quelque soit l'aspect défavorable
« de la lutte, elle ne doit cesser qu'avec la vie. « *Nul, avant sa mort, ne*
« *saurait dire s'il a été heureux ou malheureux* ! » Telles sont les paroles de
« Solon, et Solon fut le plus clairvoyant des sept sages de la Grèce. »

Agissons de concert : **l'Union fait la Force** !!!...

PARIS, *Quai Malaquais,* 15. — Cte **DU PARC.**

Typ. Ve *Carré et Cie, Impasse de la Grosse-Tête,* 5. — *Maison, pass. du Caire,* 78 *et* 79.

LA FRANCE
RENDUE FLORISSANTE

PAR

LA GUYANE

PAR LE COMTE DU PARC D'AVAUGOUR

ANCIEN OFFICIER,

Chevalier de Saint-Louis, et ancien Payeur du département du Jura,

Chambellan de S. M. l'Empereur d'Autriche.

> Celui qui conquerra la Guyane possédera plus d'or et régnera sur plus de peuples que le roi d'Espagne et l'empereur des Turcs.
> WALTER RALEIGH. 1596.
> Il existe dans la Guyane des régions immenses, susceptibles d'entretenir des milliers de pauvres créatures qui, dans notre hémisphère, luttent aujourd'hui contre la famine et tous les maux qui l'accompagnent.
> SCHOMBURGK, *commissaire anglais et naturaliste.* 1840.

PARIS

CHEZ LEDOYEN, LIBRAIRE-ÉDITEUR, AU PALAIS-ROYAL

ET CHEZ L'AUTEUR, QUAI MALAQUAIS, 15.

1852

Dédié

Aux Pouvoirs protecteurs,

A l'Infortune.

Aux Défenseurs de l'Humanité.

DIVISIONS.

LA FRANCE
RENDUE FLORISSANTE
PAR LA GUYANE.

Sur notre globe, qui ne compte encore que mille millions d'habitants, Dieu a créé de l'espace et des aliments pour cinq mille millions... Le bien de tous est donc assuré pour long-temps : il suffit, pour se le procurer, d'imiter l'oiseau voyageur.....   D. P.

Rien n'est stationnaire dans la nature : les États déclinent ou prennent de l'accroissement. Les duchés deviennent des royaumes ; ceux-ci des empires, qui s'affaissent enfin, momentanément ou pour toujours, sous la pression d'événements imprévus, ou par suite des égarements de la politique.

On conçoit sans peine que la nation française, parvenue à l'apogée de la gloire, ait vu avec douleur le décroissement de sa puissance fabuleuse, et qu'elle ait même frappé en aveugle sur ceux qui furent étrangers aux causes de sa déchéance. On conçoit aussi que le titre d'*Empire*, donné à son territoire, ait flatté son orgueil et qu'il excite d'autant plus en elle le désir de sa résurrection, que les royaumes de *Saxe*, de *Bavière* et de *Würtemberg*, nés du sang de ses enfants, n'ont pas cessé de suivre tranquillement leur course au milieu des sommités souveraines.

Mais ce que la France a perdu en 1814 par le désastre dont elle alla semer les germes *sur les bords du Manzanarès et du Tage* comme dans *les plaines de la Moscowa*, elle l'a récupéré en 1830 par la conquête de l'Algérie, qui releva noblement son pavillon en brisant les chaînes de la chrétienté.

Dès ce jour, son importance territoriale redevenait ce qu'elle était en 1812 ; et si Louis XVIII ne s'est pas aperçu que le succès des *cent-jours* fut en partie le châtiment de son acceptation d'une qualification monarchique d'un ordre subordonné, du moins la lucidité de Charles X aurait-elle dû déterminer ce roi à placer sur sa tête la couronne impériale, du moment où le drapeau français, flottant sur les minarets d'Alger, glorifiait une victoire qui avait échappé à l'ambitieuse Angleterre ainsi qu'aux efforts réunis du superbe Charles-Quint, du grand Doria et de la vaillante chevalerie castillane.

Une conquête couronnée par la renaissance impériale, aurait flatté l'amour-propre du peuple et de l'armée, et leur reconnaissance aurait épargné au souverain le fatal ostracisme qui prononça son troisième et dernier bannissement.

Nous n'abordons ici cette question que parce qu'elle sert en quelque sorte de base à notre système de colonisation, et parce que nous pensons qu'au lieu de révendiquer pour la France le titre d'*Empire*, en lançant témérairement ses aigles sur le continent, au risque de les voir ramener de nouveau par les aigles plus nombreuses des régions du Nord, la France possède des moyens *assurés* de remonter au rang de son ancienne considération, sans effaroucher l'Europe, et sans jouer son propre repos à un jeu qui lui fut déjà si funeste.

La France est un *empire* auquel il ne manque que le nom ; car l'*Algérie* et la *Guyane*, presque aussi grandes que le pays dominateur, sont deux *vice-royautés* dont l'intime union à la métropole et la mise en valeur constitueront un colosse de puissance qui n'aura rien à envier au domaine vaste, mais éphémère, de Napoléon, et qui est destiné à balancer avant peu dans la politique du monde la suprématie des royaumes unis de l'Angleterre, de l'Écosse, de l'Irlande et des Indes.

Mais de vastes territoires clair-semés d'habitants ne constituent la puissance qu'autant que l'action vivifiante du Gouvernement permet d'en tirer tout le parti possible : or, puisque l'événement du 2 décembre a donné au chef de l'État la faculté d'écarter de la marche du pouvoir les entraves que mille intelligences *contradictoires* opposèrent trop souvent à l'exécution des grandes choses, nous allons émettre ici, — *en ce qui concerne la Guyane,*—les idées que de mûres réflexions, aidées des observations de nombreux voyageurs , nous font envisager comme les plus propres à faire éviter les écueils du passé , et comme l'élément le plus convenable pour amener cette magnifique colonie à devenir, avant peu, un des plus beaux ornements de cet empire à la triple auréole.

.La Guyane,—diadème de l'Amérique méridonale,—est une vaste contrée, bornée au nord par l'Orénoque , au levant par l'océan Atlantique, au midi par le fleuve des Amazones, et au couchant par le Rio-Branco et le Rio-Négro, qui déversent leurs flots réunis dans la majestueuse Amazone.

La Guyane française, nommée par quelques auteurs *France équinoxiale,* devrait s'étendre jusqu'aux bords de l'Amazone ; mais elle est limitée de ce côté par une zone portugaise qui relève du Brésil. C'est précisément la plus riche en communications fluviales ; mais peut-être déterminera-t-on cet empire , d'ailleurs si vaste de l'autre côté des Amazones, à céder ce point, depuis longtemps en litige, en échange d'une île équivalente à l'importance du sacrifice.

Un tel échange serait également avantageux aux deux parties, en ce qu'il leur éviterait une collision sanglante et presque inévitable le jour où un représentant *sérieux* de la France ira vérifier sur les lieux, l'épée et le compas à la main, si toutes les conditions : de la paix d'Utrecht de 1713,— de celle de 1797, — de celle de 1801,— de celle d'Amiens,— de celle de Paris de 1814, — du Congrès de Vienne — et du Traité de 1817 — ont été religieusement observées à son égard.

Telle qu'elle se comporte en ce moment, la colonie française, séparée de la colonie hollandaise par la limite *incontestée* du Maroni, présente une étendue de 20,000 lieues carrées, avec une population d'un seul habitant par lieue carrée, et cela dans l'une des contrées les plus productives du globe , où le même arbre porte des fleurs et des fruits toute l'année ; tandis que l'Europe, qui compte six mois d'hiver et huit mois d'improduction, nourrit généralement douze cents habitants sur une étendue de même dimension.

Mais, il faut bien l'avouer, dans ses moments de crise les plus importants, la Guyane française a constamment été tiraillée par les hostilités réciproques de deux autorités rivales, dont les pouvoirs se tenaient en échec au lieu de s'entr'aider... De tels conflits nuiront constamment à la prospérité de toute colonie lointaine, et c'est surtout afin de les rendre impossibles que nous insistons ici sur la création des *vice-royautés*, attendu que *l'unité de vues* qui résulte d'une direction unique procure toujours les résultats que l'on ne saurait plus attendre de la désunion de deux pouvoirs divergents.

Rendons pourtant justice à nos pères, que les contemporains sont toujours prompts à condamner : la France, beaucoup moins peuplée de leur temps, n'exigeait pas que le salut public fût assuré par l'émigration de l'excédant d'une *population besoigneuse* de six millions d'individus, qui végètent tristement, ou vivent criminellement, aux dépens de la majorité.

Nos pères ignoraient l'application de la *vapeur*, qui transporte avec célérité des peuplades entières , par eau comme par terre, aux extrémités les plus reculées du globe , et qui assure aux besoins de la vie et de l'industrie, de puissants *moteurs* supplémentaires, aux lieux où l'eau, le vent et les animaux manquent à l'homme... Nos pères ne connaissaient pas les ballons, qui permettent de reconnaître le plus vaste horizon et d'activer les découvertes topographiques en franchissant sans obstacles des contrées et des limites autrefois infranchissables ; dans un pays surtout où la brise souffle régulièrement en sens inverse, et facilite ainsi le retour à jour fixe au point du départ... *Ces magiques auxiliaires*, nous les possédons aujourd'hui, et notre négligence aurait un bien plus grand caractère de culpabilité que celle de nos devanciers, si nous nous refusions à des travaux qui se présentaient à eux accompagnés de difficultés tellement redoutables, que le simple souvenir de leur insuccès nous tient encore en suspens.

Quelle impression ne produirait pas sur de pauvres Indiens, qui vivent dans l'ignorance des miracles de la science, l'apparition d'hommes *littéralement tombés du ciel*, et qui s'en retournent par leur voie aérienne comme les sylphides dont l'histoire féerique a bercé délicieusement notre enfance !

Nul peuple, nul individu ne possède toutes les vertus ni toutes les aptitudes; il n'y a donc aucune honte à emprunter à ses voisins les procédés qu'ils pratiquent mieux que soi... Le marquis de *Carracioli* disait qu'*il achetait l'amour tout fait, n'ayant pas le temps de le faire*. Traitons de même la colonisation ; laissons là les tâtonnements devenus superflus, et comme les Allemands, les Hollandais et les Anglo-Américains ont prouvé qu'ils étaient supérieurs aux Français, en procédés colonisateurs, ce sont aussi ces peuples que les Français doivent prendre pour modèles en cette matière, s'ils ne veulent pas qu'une contrée improductive dans leurs mains, depuis deux siècles entiers, y demeure encore dans le même état pendant un temps indéterminé.

Les peuples de l'Allemagne fournissent, chaque année, à l'Amérique, plus de cent mille de leurs enfants... Chez eux, les différents États font établir d'avance le recensement des émigrants qui se proposent de se transporter l'année suivante au delà des mers. Ils les munissent d'instructions qui s'étendent à tous les détails, et, autant que possible, des secours les plus indispensables. Chez eux, chaque année donne le jour à près de deux cents écrits qui mènent, pour ainsi dire, les émigrants par la main, du lieu de leurs adieux au berceau de leurs nouvelles espérances.—Chez eux, l'autorité veille avec sollicitude à la réunion, par communes et par cantons, de ceux qui manifestent l'intention de se diriger vers un même parage, et grâces à ces auspices paternels, le départ s'effectue enfin sous la conduite d'un pasteur des âmes, d'un médecin et de quelques directeurs expérimentés, de façon qu'en quittant le pays natal, ces intéressants *émigrants* se trouvent encore entourés de l'assistance de leurs parents, amis et voisins, et qu'ils échangent un climat où l'exubérance de population ne permet plus à la fortune de leur offrir de grandes faveurs, contre un pays où ils vont abriter leurs dieux domestiques avec le juste espoir de devenir bientôt les heureux possesseurs de ces terres hospitalières.

Aussi, que l'on observe leur physionomie pendant le voyage : ce ne sont point les traits du désespoir, fuyant nu et au hasard devant l'insatiable rapacité du fisc ou des recors... ; c'est l'épanouissement de l'espérance, assurée de trouver le salaire de ses peines au terme d'un joyeux pèlerinage déjà jalonné par des amis précurseurs.

Que font, d'autre part, les États-Unis, destinés à recevoir ces essaims de l'ancien monde ?

Sans reculer devant aucune difficulté, la première opération des Américains consiste à faire reconnaître, mesurer et diviser le territoire inoccupé de leurs États. Ils établissent des chaussées, canaux et chemins de fer à travers les forêts, les marais, les ravins et les montagnes, sans prendre aucun souci de la solitude qui les entoure, assurés d'avance que ces moyens d'arrivages établis, les colons ne leur manqueront pas, puisque les amateurs des bois, de la plaine, des prés et des montagnes y trouveront des asiles conformes à leurs goûts respectifs, en même temps qu'un moyen rapide de communication entre eux, et de débouché de leurs produits avec les cités les plus rapprochées de la ligne.

Rien n'arrête dans l'accomplissement de leurs conceptions hardies et grandioses ces téméraires Américains... S'agit-il de traverser une forêt vierge, remplie de serpents dangereux, qui protestent contre cet envahissement en enlaçant dans leurs replis les jambes des ingénieurs? il faut que les serpents en prennent leur parti; car, à coup sûr, le chemin traversera la forêt.

S'agit-il de traverser un marais, séjour séculaire des boas et des aligators, où le chemin de fer, pareil à la ville de Venise, ne saurait être fondé que sur pilotis ? l'Américain invente aussitôt la *Pile-Driving-Machine*, qui avance avec et sur le chemin de fer, dont elle hâte la construction, — qui attire à elle, à mesure du besoin, les arbres abattus, — qui enfonce deux pilotis à la fois et les scie ensuite horizontalement au niveau nécessaire ; et pour l'exécution de tout cela, sept hommes suffisent !...

Le marais devient-il sans fond ? ces hommes ingénieux et intrépides n'en sont nullement effrayés ; un radeau gigantesque va bientôt surnager à sa surface, et d'immenses convois, qui lancent des éclairs au milieu des ténèbres, le parcourront comme un vaisseau sur des flots agités ou comme une apparition fantastique des *Mille et une Nuits*.

Mais la scène change encore, et il ne s'agit de rien moins que de franchir les *monts Alléghanis*, élevés de 1,700 pieds au-dessus de la plaine... Aussitôt les bateaux du canal gravitent d'écluse en écluse, à la hauteur des premiers nuages, et lorsque l'effet des eaux doit cesser ses prodiges, plusieurs machines à vapeur fixes, échelonnées sur les flancs de la montagne, se chargent d'attirer et de descendre les wagons du chemin de fer. La chaîne est franchie et les monts sont descendus sans étonnement de la part des hardis voyageurs, tant les Américains sont habitués *à travailler dans le grand*, et ce *grand* atteint, chez eux, des proportions illimitées par la tendance de leur esprit public, toujours disposé à suppléer avec profusion à l'insuffisance des facultés financières de l'État.

Pour constater la quotité et le gisement topographique des millions d'hectares que le Gouvernement français aurait à concéder ou à vendre à la *Guyane*, on la diviserait à la manière américaine ; or, voici comment elle s'opère :

Dans tous les États de l'Union, la mise en vente s'effectue d'après un système uniforme. L'exécution en est confiée à des ingénieurs en chef (*surveyor general*) qui ont sous leurs ordres plusieurs géomètres (*deputy surveyors*), dont le salaire est communément de 3 à 4 dollars par mille carré pour la quotité cadastrée.

Chacun de ces derniers est assisté d'un sapeur, d'un porte-jalon et d'un porte-tente (*camp keeper*). La vie du géomètre est liée à autant de fatigues que d'incommodités de toute espèce, car ces ingénieurs habitent souvent deux à trois mois, sans désemparer, les prairies et les forêts, sans autre abri que leur tente portative. *Si c'étaient des forçats, on les plaindrait!*

Les lignes de division des terrains s'appuient, dans les différents États de l'Union, sur des *méridiennes arbitraires*, coupées à angle droit, de l'est à l'ouest, par d'autres *lignes* dites de *base*, et l'aiguille aimantée est l'instrument qui sert à les déterminer.

Ces *lignes*, arrêtées, servent de point d'appui aux grandes divisions de 36 milles carrés de surface par lesquels on divise tout le pays, sous le nom de *comtés* ou *townschips*, et chacun des 36 milles carrés qui les composent, prend la dénomination de *section*, qui se subdivise de nouveau en 360 acres carrés.

Le numérotage des 36 *sections* qui forment un *comté* ou *townschip*, se fait de la manière suivante :

6	5	4	3	2	1
7	8	9	10	11	12
18	17	16	15	14	13
19	20	21	22	23	24
30	29	28	27	26	25
31	32	33	34	35	36

Les *sections* peuvent encore se subdiviser en *demies*, *quarts*, et *huitièmes* de sections; après quoi ces terres sont vendues aux enchères publiques par le *Land Office*, au minimum d'un dollar et quart par acre.

Quant aux *sections* qui n'ont pas trouvé d'acheteurs aux enchères, elles demeurent à la disposition du public, au prix fixe d'un dollar et quart, ou environ 6 fr. 65 c. par acre.

D'après des documents officiels, dont le détail serait ici superflu, il a été mis en vente, de 1820 à 1837, dans les *États de l'Ouest*, acres 122,000,000

Il en a été vendu........................ 61,000,000

dont le produit a été, en dollars, de......... 78,000,000

Ce qui équivaut à peu près, en francs, à.... 400,000,000

et prouve la bonté de la méthode.

Offertes en simple don, le Gouvernement se serait privé d'immenses ressources, et on eût probablement dédaigné ces terres. Vendues, même à bas prix, on les acheta avec empressement, tant il est vrai que l'on fait plus de cas de ce qui coûte un sacrifice.

Aux États-Unis, la majeure partie des *farms* (domaines ruraux) occupées contiennent 160 acres, dont la moitié est cultivée et l'autre couverte en forêts. Si de ces 80 acres l'on ensemence le quart, ou 20 acres en blé, chaque acre produit au moins vingt buschels de froment, dont le prix, frais de culture déduits, donne de quoi vivre au colon. Les 140 acres restants sont donc un bénéfice net sur l'acquisition.

A la *Guyane*, les produits sont différents, les profits plus abondants et la culture plus facile, puisque *le travail d'un seul homme suffit à la nourriture de vingt personnes.*

Il se trouve aux États-Unis, comme à la Guyane, de vastes savanes (*prairie land*) à côté d'immenses forêts, dont le labourage exige l'emploi de trois paires de bœufs ; mais, attendu que le défrichement des forêts coûte davantage, il est infiniment moins dispendieux de s'établir sur un fond de savane ; à la condition, toutefois, de se rendre en même temps acquéreur d'une partie de forêts.

Nous venons de démontrer, par l'exemple de l'usage américain, que 80 acres (environ 40 hectares) suffiraient largement aux besoins d'une famille nombreuse. Ces 80 acres, à un dollar et quart, font l'objet d'une dépense de cent dollars (520 fr.), à quoi il convient d'ajouter pareille somme pour chariot, charrue, bœufs et autres objets d'installation ; l'assistance des voisins aidant d'ailleurs à la construction de l'habitation, que le *farmer* a pour coutume de fixer, dans un lieu élevé, près d'une fontaine et sous la protection de grands arbres. Ces habitations ou *log house*, bâties en fûts d'arbres superposés, forment un carré d'environ 15 pieds, qu'une famille nombreuse habite souvent des années entières. Dans l'été, la cuisine se fait en plein air. Parfois ils ont un double logis, et une haie enclôt le tout. Il y a loin de là aux baraques charpentées à grands frais par des hommes libres pour les forçats de Brest et de Rochefort, et pourtant ces colons honnêtes et laborieux vivent heureux, et leurs enfants parviennent tôt ou tard à l'opulence.

Les divisions des *comtés* et *sections*, tracées avec exactitude sur les cartes de détail des États-Unis, font pressentir aux émigrants la nature et les ressources des domaines qu'ils se proposent d'acquérir, et les sommes que l'État retire de la vente des terrains couvrent non-seulement le prix des voies de communication, mais bien souvent encore les frais de premier établissement des bâtiments destinés aux cultes, aux écoles, aux hospices, etc., toujours fixés dans *la seizième section* de chaque comté, réservée à cet usage.

De tout ce qui précède, nous estimons *qu'un conseil d'instruction coloniale*, composé du curé, du maire, de l'instituteur, etc., devrait être appelé, dans chaque canton de la France, à s'enrichir, relativement à la Guyane, des connaissances nécessaires aux colons qui veulent s'y transporter, afin de leur être de bons guides et de concourir à leur profit à l'action protectrice du Gouvernement.

Nous pensons, en outre, qu'il serait dans l'intérêt du pays d'envoyer, *sans délai*, à la Guyane, une expédition puissante, administrative, scientifique et militaire, chargée de délimiter les frontières, de parceller les surfaces, de fixer la propriété des colons établis, de cantonner les peuplades indigènes d'après les règles d'une saine justice et d'une politique éclairée, et de fixer les *comtés* ou *townschips*, afin qu'ils puissent être livrés aux futurs concessionnaires avec sécurité pour la possession.

Sans doute la corvée réservée aux hommes d'élite préposés à ces travaux, ainsi qu'à la garde des malfaiteurs, sera pénible à bien des égards; mais qu'ils considèrent qu'ils sont *la chevalerie de notre siècle*, qu'ils veuillent bien considérer encore que l'antiquité élevait au rang des demi-dieux les héros qui bravèrent de tels dangers au profit de la civilisation naissante, et que les équitables récompenses de l'État et les justes ovations de la société sauront aller leur témoigner la gratitude de leurs concitoyens au sein même des plus profonds déserts.

La mission de ces hommes de lumière, de bien et de courage, devrait marcher de front avec l'établissement d'un *chemin de fer* qui, partant de Cayenne ou d'un point plus central du littoral de la mer, traverserait le milieu de la Guyane française par une ligne aussi droite que possible pour aller toucher le Rio-Branco, à la limite occidentale du pays.

Comme *une masse inépuisable de minerai de fer* existe dans toute la contrée, et *qu'il en est de même de ses bois*, il n'y aurait, pour le moment, que les locomotives à y transporter d'Europe.

Ce que le Gouvernement ne voudrait ou ne pourrait pas faire à cet égard, des Compagnies le feraient, à coup sûr, à la condition de concessions de terrains estimés au prix général, ou du monopole de la plantation du *coton*, dont la France achète annuellement à l'étranger *soixante millions de livres*, que la Guyane pourrait produire, et de la plus belle espèce.

Où il y a peu de bras il faut beaucoup de machines , et c'est en vertu de ce principe qu'on voit de nombreux moteurs à vapeur dans la Guyane anglaise. Ainsi, vapeur, eau, vent, animaux, galvanisme, électricité, sont autant de forces vives qu'il convient d'accumuler là-bas , afin de conserver la main de l'homme pour les travaux qui ne souffrent aucun remplacement.

Les forçats exécuteraient *le chemin de fer* principal ou artérien, sous la garde de la troupe, et revaudraient ainsi en services rendus à la société le tort qu'ils lui causèrent par leurs méfaits et l'argent qu'ils coûtent au citoyen honnête, obligé de forcer la somme de son travail afin de subvenir à leur entretien.

De même que cela se pratique pour les esclaves nègres employés à de semblables travaux dans le midi de l'Union, de grands et solides wagons, pourvus de fortes grilles, recevraient ces travailleurs pendant la nuit; tandis que d'autres wagons, sortes de forteresses ambulantes, munies d'une légère artillerie, les suivraient avec leurs surveillants militaires. Enfin, une autre série de wagons, porteurs de vivres, d'habillements et de tous les ustensiles nécessaires, compléterait le train et irait se ravitailler au port au fur et à mesure de l'avancement du chemin de fer.

Pendant son cheminement, cette grande route d'immigration serait mise en communication avec les rivières nombreuses qui se dirigent vers l'Amazone et l'Orénoque ; de manière que, lors de son achèvement, le pays se trouverait simultanément enrichi d'un immense réseau de voies de communication, propres à livrer au commerce ses produits, riches, abondants et variés.

L'exécution prompte et définitive de ce projet, mieux encore que l'achèvement du Louvre, suffirait à l'immortalité d'un règne, que sa sollicitude pour le malheur et la souffrance porterait non-seulement à fonder ainsi le bien-être de 6 millions de prolétaires sans pénates et sans travail, mais encore à remplacer en terres de la Guyane au profit de 30,000 familles, aussi honorables que dignes d'intérêt, les *deux cents millions du fonds de réserve de l'indemnité*, dite *des émigrés*, qu'un acte violateur du 5 janvier 1831 ravit aux infortunés que la *loi* de justice de 1825 voulut dédommager en partie des ignobles spoliations de *Marat*, *Danton* et *Robespierre*, qui ne firent couper tant de têtes en 1793 qu'afin de « *battre monnaie sur la place de la Révolution.* »

Les héritiers de *Napoléon* ou de *Charles X* ne sauraient maintenir l'iniquité de l'acte de 1831, s'ils veulent être conséquents avec leur origine ; car le premier restitua, par le sénatus-consulte du 6 floréal an VI, les biens séquestrés et non vendus, tandis que le second provoqua, en 1825, la réparation nationale du *soi-disant* milliard, déjà réduit, dès son principe, à 600 millions par la déloyale invention du 3 0/0.

En saisissant cette occasion pour réclamer d'un Gouvernement qui veut être *réparateur* le remplacement des 200 millions précités, nous obéissons à la voix impérieuse de la conscience. Elle nous crie le jour et la nuit que, sans cette restitution du *denier de la veuve et de l'orphelin*, l'ordre social reposera toujours sur des bases vermoulues, puisque ce *fonds de réserve d'indemnité* revenait, soit aux retardataires, soit surtout à ceux qui ne reçurent que *la valeur dérisoire des chiffons d'assignats* donnés en paiement de leurs biens à la République, et qu'une *répartition définitive* allait équilibrer avec les mieux partagés, lorsque les journées de Juillet vinrent suspendre, à leur détriment, le cours bienfaisant de la justice.

C'est par égard pour les douleurs déjà si vives et si multipliées de la France que nous ne réclamons pas du Trésor le retour de cette somme, dont il est censé avoir profité..... C'est par respect pour la justice divine, dont la main s'est déjà lourdement appesantie sur le triple aréopage qui prononça, dans sa folle erreur, l'acte inqualifiable de 1831, que nous n'exigeons pas à son compte la réparation des 22 années d'affliction qu'il a *ajoutées* aux tristes annales de 40 ans d'infortunes..... Mais malheur aux puissants de la terre qui resteront sourds au cri de détresse de la justice outragée ! car, il n'y a pas à s'y tromper : les CONFISCATIONS sont le plus cher aliment de *l'Hydre du communisme ;* — c'est jeter le corps de son ennemi aux monstres affamés des arênes qui, une fois affriandés par cette horrible pâture, finissent par déchirer leurs maîtres et par dévorer leurs membres palpitants.... Que l'on consulte l'histoire, et l'histoire en deuil donnera son assentiment à cette assertion.

Malheur aussi, ajouterons-nous, aux pères de famille et à leurs alliés intéressés dans ce débat, s'ils ne joignent pas *leurs vingt mille voix désespérées* à notre voix solitaire ! Leur postérité reprocherait amèrement à leur mémoire *la misère sans remède et sans fin* que le lâche silence de leurs pères leur aurait infligée, car cette occasion négligée, toute chance de justice réparatrice est à jamais perdue, et *l'on verra des hommes de bien plus mal partagés que des forçats souillés de crimes !*

Le comte de Montmorency-Boutteville, décapité sous Louis XIII pour s'être battu en duel, ayant entendu lire son arrêt, qui condamnait en même temps ses enfants à perdre leurs biens et leurs titres de noblesse, prononça sur l'échafaud ces paroles mémorables : « *J'y consens, s'ils n'ont pas la vertu des nobles pour* » *s'en relever...* »

Puissent les hommes de noblesse, et les nobles de cœur, graver en traits de feu ces paroles dans leur âme. Il n'y a nulle honte à succomber sous la hache de l'injustice, mais il y en aurait beaucoup à végéter lâchement et misérablement dans l'abaissement, lorsque Dieu et l'honneur ont mis aux mains de l'homme courageux le talisman destiné à le faire triompher des *épreuves* plus ou moins prolongées du sort..... Quel que soit l'aspect défavorable de la lutte, elle ne doit cesser qu'avec la vie : « *Nul avant sa mort ne saurait dire s'il a été heureux ou malheu-* » *reux !* » Telles sont les paroles de Solon, et Solon fut le plus sage et le plus clairvoyant des sept sages de la Grèce...

L'histoire des colonies anglaises et espagnoles en Amérique

prouve surabondamment que, si la métropole tient à être en bons termes avec sa colonie, il faut que toutes deux gagnent par le commerce d'échange qui naît de leurs rapports mutuels, et que l'une des deux parties ne soit pas sacrifiée à l'autre. En proposant à la France de s'acquitter, à défaut d'autre paiement, envers 20,000 indemnitaires, en domaine de la Guyane, nous marchons dans cette voie; car si, d'une part, ce procédé libère l'État d'une forte dette, sans bourse délier, il procure, d'un autre côté, à *la vice-royauté de la Guyane* des colons sérieux et *moraux*, qui auront le bon sens de préférer l'abondance sous l'équateur, à la criante misère dans le voisinage des lieux témoins de leur ancienne splendeur. Ce premier noyau, plus ou moins homogène, d'hommes respectables attirera à la Guyane de nombreux *hommes de bien*, que la présence unique des assassins et des bandits en eût certainement éloignés.

Cet exemple entraînera donc de nouveaux *essaims* à aller acquérir les 25 à 30 millions d'hectares de terres vierges dont le Gouvernement pourra encore disposer, et cette masse réunie d'émigrants, attirant successivement à elle les 6 millions d'hommes dont la France surabonde, produira un surcroît de mouvement commercial et maritime qui élèvera la prospérité des deux pays à un état de splendeur inespéré, sans que la France ait sacrifié ses intérêts à la Guyane, ni la Guyane à la France; puisque l'on aura employé, à faire fleurir la colonie, les 300 millions, prix approximatif des terrains aliénés.

« *Le roi de France ne doit pas venger les injures du duc d'Or-* » *léans,* » disait Louis XII... Louis-Napoléon, chef du parti bonapartiste avant le 2 décembre, mais aujourd'hui le chef de *tous les Français,* entendra donc notre appel, quand nous lui disons ici : « Prince, *on doit être riche pour les malheureux :* » rendez la Guyane florissante en imitant dans sa justice le » grand homme dont vous portez le nom; — rendez-la prospère » par l'unique moyen qui mène vite à ce but, en apanageant à » la Guyane du produit de leur héritage, deux fois spolié,

» 20 à 30,000 familles respectables auxquelles un déni de jus-
» tice pourrait inspirer des sentiments qui vous soient défa-
» vorables et nuisibles ; mais qui accepteront ce bienfait *avec*
» *reconnaissance*, quoique avec désespoir ; car quelle autre impul-
» sion que le désespoir de se voir pauvre et négligé là où l'on
» vécut jadis opulent et fêté, pourrait exciter de nobles familles
» françaises, toujours si attachées au sol de leurs glorieux sou-
» venirs et riches encore des autres titres à la considération
» publique, à s'exiler au delà des mers pour aller chercher la
» fortune en des lieux au moins indifférents pour eux, quelque
» beaux que les ait créés l'Auteur de l'univers (1) ? »

Comme tout État primitif est patriarcal de sa nature, et que le degré intermédiaire entre celui-ci et les civilisations avancées revêt ordinairement la forme féodale, peut-être conviendrait-il que cet État, à peine adolescent, fût divisé en *duchés, comtés-sénatoreries* et en *baronnies*, qui offriraient un vaste champ de récompenses en faveur de services éminents rendus à la patrie, et de dédommagement des généreux sacrifices faits au bonheur de la société... N'abaissons jamais, mais élevons toujours, autant que possible !...

Notre plan de colonisation exposé, il ne nous reste plus qu'à *prouver d'une manière authentique,* combien la Guyane, cet *Eldorado méconnu*, est aussi salubre qu'aucune autre contrée de l'Europe, et combien ses produits peuvent rivaliser avec tout ce que les deux Indes offrent de satisfaction à nos jouissances, en objets aussi savoureux pour les délices de la table, que précieux pour les autres usages de la vie.

C'est ce que les *citations* ci-après vont établir de la manière la plus victorieuse.

---

(1) Il s'entend de soi-même que ces créanciers de l'État, ainsi remboursés, *ne sauraient être obligés* de résider de leur personne à la Guyane.

Boyer de Petit-Puy (1654).

Ayant fait partie de l'expédition de 1643 et passé *6 années* à la Guyane.

Véritable relation de tout ce qui s'est fait et passé au voyage que M. DE
BRÉTIGNY *fit à l'Amérique occidentale, etc.* (Paris, 1654; in-8°.)

Le climat est si doux et si tempéré, du côté du cap Nord,
par un petit zéphyr qui ne cesse jamais de donner, qu'il ne se
peut rien voir de plus délicieux au monde. Toute l'année y est
un perpétuel printemps, ou, pour mieux dire, un perpétuel au-
tomne; car on n'y voit jamais les arbres sans feuilles, sans
fleurs et sans fruits, tout ensemble. L'air y est si pur et si
excellent pour la conservation de la santé, que rarement on y
voit des malades. Ceux qui vont en ce pays-là, et qui sont su-
jets aux gouttes, aux catarrhes, aux sciatiques, aux fluxions et
aux humeurs, en reviennent en parfaite convalescence. On ne
connaît ni gelée, ni frimas, en toute cette grande partie de l'A-
mérique.

L'homme ne saurait jamais rien désirer, ni pour la douceur,
ni pour les nécessités de la vie, qui ne se trouve, en tout ce
pays-là, avec une abondance incroyable. Les vivres y viennent
sans soin, et la culture y est si facile, qu'un seul homme y fera
plus de besogne que quatre autres n'en sauraient faire en
France... (P. 287.)

Toutes les plantes et toutes les graines qu'on y apporte de la
France méridionale y viennent merveilleusement bien en toute
saison, et la vigne de même y porte deux fois l'année... (P. 318.)

Pour moi, je sais fort bien que la vigne y donne des raisins
deux fois l'an, que tous les fruits et les animaux y produisent
continuellement en toute saison, et que l'on n'y voit jamais ni
grêle, ni frimas qui leur puissent nuire, puisque j'y ai demeuré
l'espace de six années... (P. 323.)

Grillet et Brun (1671).

Ces missionnaires, de l'ordre des Jésuites, qui ont bâti le palais qu'occupe le gouverneur, ont fait un trajet de 640 lieues dans le pays.

Lettres inédites publiées à Cayenne en 1671. (Elles font partie des manuscrits de la Bibliothèque nationale.)

La température de ce pays n'est pas malsaine ; mais à cause que le cours de l'année est seulement divisé en deux saisons : l'une depuis décembre à juillet, où les pluies sont très-abondantes ; l'autre depuis juillet jusqu'au mois de décembre, où on ne voit plus de pluie ; ces deux extrémités sont la cause de quelques maladies qui ne sont pas dangereuses, et ceux qui y sont accoutumés s'y portent assez bien ; il faut ordinairement, après qu'on est arrivé, souffrir une secousse qui consiste dans une fièvre double tierce de dix ou douze jours, qui abat beaucoup, sans néanmoins qu'on voie mourir aucun de ceux qui sont bien servis.

P. GRILLET.

Ce 3 février 1671.

Je me porte ici beaucoup mieux qu'en France, quoique la façon de vivre soit très-différente. L'on ne peut se persuader en France que la zone torride, à quatre degrés de la ligne, ait quelques douceurs ; mais je dirai toujours que la France, dans aucune de ses saisons, n'a rien de si doux que Cayenne. Nous y sommes exempts de ce froid si rude qui fait mourir tout ce qu'il y a de beau dans la nature, et nous n'avons pas pour cela de ces chaleurs qui échauffent si fort l'air pendant nos étés qu'on n'y respire que du feu. Elles sont toujours tempérées par d'agréables fraîcheurs, et l'on ne se plaint point ici de la chaleur, lors même que le soleil est à pic sur nos têtes. C'est ce qu'on ne croit pas en France, et le seul mot de *zone torride* leur fait plus de peur que l'expérience de tant de personnes ne trouve de créance dans leur esprit.

P. BRUN.

Ce 17 février 1671.

Lefebvre d'Albon (1710),

Inspecteur, puis ordonnateur de la colonie pendant 40 ans, de 1706 à 1746,
mort à 80 ans à Cayenne.

Mémoires. (Manuscrit aux Archives de la Marine.)

La Guyane, autrement appelée la France équinoxiale, parce qu'elle est en partie située sous l'équateur, peut passer pour un des bons pays de l'Amérique; l'air y est sain, nullement sujet aux ouragans, ni aux maladies pestilentielles qui ont fait périr tant de monde dans nos îles ; et quoi qu'on y ait, pendant sept et huit mois de l'année, des pluies continuelles , on ne s'est pas encore aperçu qu'elles causassent aucune incommodité. On y fait généralement les mêmes marchandises que dans les autres colonies , je pourrais même dire de meilleure qualité. Si le pays est montueux et couvert de bois épais, il est en même temps coupé d'une infinité de rivières qui rendent la communication aisée d'un lieu à un autre.

J'ai, ci-devant, parlé de la rivière d'Orapus comme d'un lieu où l'on pourrait faire de bons établissements : c'est là que je voudrais placer deux compagnies de soldats , amatelottant les hommes quatre par quatre, avec une concession de terrain assez ample pour composer quatre petites habitations, en cas qu'ils voulussent se séparer lorsqu'ils seraient assez bien pour cela dans leurs affaires, et que, pour leur donner plus d'émulation, la portion d'un décédé fût successible aux derniers vivants, supposé pourtant qu'il n'y eût point d'enfants. Chaque commandant aurait sa concession dans le centre , et l'inspection sur toutes celles de sa compagnie; c'est-à-dire pour examiner leur conduite, réveiller les paresseux et entretenir une bonne discipline, dont, mois par mois, il rendrait compte au gouverneur. Je ne vois pas de moyen plus prompt d'augmenter la colonie en habitants.

Godin des Odonais (1750),

Astronome, revenu en France en 1773, après *58 ans* d'absence.

Mémoire sur la navigation de l'Amazone (Cayenne).

L'agrandissement des États de Sa Majesté, le bien de ma patrie et l'honneur du gouvernement de Votre Grandeur, ne me permettent pas de passer sous silence le bien que retirerait la France si elle avait un pied sur l'*Amazone*; l'intérêt de la France, dans la navigation de l'*Amazone*, est le commerce immense qu'elle peut faire alors avec toutes les provinces du royaume du haut et bas *Pérou*, sans que l'Espagne puisse presque y apporter remède, à cause du nombre infini d'avenues que produisent tant de rivières qui y débouchent, et toutes navigables. Je voyais aussi d'autres intérêts particuliers que la France pouvait retirer, ayant la côte nord de l'*Amazone*; par exemple, le cacao, qui ne manque jamais tous les ans sur l'une et l'autre rive; le girofle, la salsepareille, le baume de copahu, la vanille, les bois précieux, les bois de construction; les Portugais font de tout cela un grand commerce, et ce sont les uniques effets qui maintiennent le gouvernement du *Para*; mais ayant atterré à la partie de la côte de la domination de Sa Majesté, et ayant monté la rivière de *Vincent-Pinson*, où est le premier établissement des Français, de ce côté-là, j'ai trouvé qu'il y avait tout ce que les Portugais avaient sur l'*Amazone*; plusieurs habitants m'ont fait relation de l'intérieur des terres: c'est la même chose que l'*Amazone*, dont je ne doute pas pour être le même continent. Votre Grandeur pourrait établir dans cette colonie une construction de vaisseaux: les bois y sont très-propres; Sa Majesté en retirerait beaucoup d'utilité, parce que les bois ne lui coûteraient aucune somme; le roi de Portugal le pratique ainsi à la côte du Brésil; une grande partie des vaisseaux d'Espagne sortent des chantiers établis à la Havane, etc.

De Laborde (1773), *

Médecin du roi, ayant passé *30 années* à la Guyane.

Journal de physique. (In-4°, 1773 ; tome Ier.)

Cette portion du continent si négligée est une *réserve* que la prévoyante nature garde à nos jours de détresse...

Loin que la nature ait refusé ses dons à l'habitant paisible de la Guyane, s'il a un reproche à lui faire, c'est de l'en avoir accablé. De cet état d'abondance, de cette facilité à pourvoir à ses besoins, naît sa nonchalance habituelle et cette apathie où son âme est plongée. S'il manque quelque chose à son bonheur, c'est de connaître les désirs qui mettent la valeur à la jouissance. Mais poursuivons et voyons les maux auxquels il est exposé. Un des plus frappants, le plus grand de tous peut-être, est causé par un faible insecte, par un être qui semble vivre à peine ; enfin, par les maringouins, ces insectes que nous connaissons sous le nom de *cousins*... Mais ce fléau n'est pas particulier à la Guyane ; on l'éprouve dans tous les climats couverts d'eaux, de forêts, et que l'homme habite rarement ; dans ceux même qui, condamnés par la nature à un froid et à une stérilité perpétuels, n'offrent au voyageur aucun avantage en dédommagement. Nous-mêmes, dans nos champs plus heureux, nous ne pourrions supporter, pendant une nuit d'été passée dans une forêt, au bord d'un étang ou d'une mare, le bourdonnement et les piqûres des cousins. Ne nous grossissons donc point les objets, n'en changeons pas le point de vue, et rappelons-nous que, dans les campagnes délicieuses de l'Italie, dans toutes celles qui sont au midi de l'Europe, on est obligé, ou de reposer entouré de rideaux de gaze si l'on veut jouir du frais, ou de s'enfermer au fond des habitations, sans laisser d'ouverture ni aucun accès à l'air extérieur. Les mêmes précautions produisent là-bas les mêmes effets.

Bajon (1777),

Chirurgien-major de Cayenne, résida *12 ans* à la Guyane.

Mémoire pour servir à l'histoire de la Guyane. (2 vol. in-8°.)

La maladie de Siam, si redoutable et si commune à Saint-Domingue, n'a jamais été observée à Cayenne ; les fièvres pestilentielles, la petite vérole, la rougeole, les fièvres pourprées, qui sont si familières dans la plupart de ces îles, sont tout à fait inconnues dans ce climat.

La gomme élastique, que tout le monde connaît en France relativement à ses propriétés singulières, est très-commune à Cayenne, ou, du moins, l'arbre qui la fournit se trouve abondamment dans la Guyane. (T. II, p. 23.)

Enfin, les plantes et les arbres qui croissent dans ce pays font l'objet de la culture des habitants, et produisent les denrées propres à cette contrée : tels sont l'indigo, les cannes à sucre, le coton, le cacao, le rocou, etc.

La pêche qui deviendrait la plus abondante et la plus lucrative, serait celle du *lamantin.* Ce poisson, dont le volume est énorme, est très-commun vers le sud de la Guyane, dans des lacs qui se trouvent aux environs de *Mayacaré...*

Outre toutes les ressources que la pêche fournit aux habitants de Cayenne, on trouve encore beaucoup de poissons et de tortues propres à faire de l'huile ; l'*espadon* et la tortue *caouane*, qui se trouvent dans beaucoup d'endroits, fournissent beaucoup d'huile ; il ne s'agit que de savoir l'extraire.

Les habitants chasseurs, un peu avant dans les terres, peuvent avoir très-souvent des *maïpouris*, les plus grands quadrupèdes de ce continent, dont la viande est très-bonne. Enfin, les animaux domestiques de basse-cour y viennent avec la plus grande facilité, surtout les pigeons, la volaille, les canards, etc.

Lescallier (1797),

Ordonnateur des Guyanes hollandaise et française, a fait un *long séjour* dans toutes les colonies.

Exposé des moyens de mettre la Guyane en valeur, etc.

Dans l'intérieur, à de grandes distancès, on trouve le cacaoyer croissant naturellement en forêts.

Plus on s'éloigne des côtes, plus le pays est salubre, exempt d'insectes et d'animaux venimeux, plus aussi il est peuplé de nations indiennes, dont plusieurs sont actives et industrieuses.

Ces parties intérieures ont des mines de ce beau cristal de roche que l'on retrouve roulé, sur les bords de la côte et de quelques rivières, dans ce qu'on appelle *pierre de Cayenne.*

Il est probable qu'on y trouvera, en le recherchant et l'examinant de plus près, nombre de minéraux et de végétaux précieux qui ne nous sont pas encore connus, desquels on retirerait de grands avantages pour les arts et la médecine. (P. 69-74.)

Pour commencer par l'objet qui intéresse le plus lorsqu'on parle des colonies, celui de la culture des denrées coloniales, il suffirait peut-être, pour prouver que la Guyane a des terres de la première fertilité, de citer les colonies voisines du même continent : *Surinam, Berbice, Demerari* et *Essequebo,* où l'industrie hollandaise s'est si bien exercée. Ces colonies qui, quoiqu'elles soient beaucoup plus nouvellement établies que notre Guyane, font déjà cependant pour CENT MILLIONS de revenus annuels, tandis que la Guyane française n'en a fait dans ses temps les plus brillants que pour *moins d'un million;* ces colonies suffisent amplement à leurs propres dépenses et donnent des profits, tandis que la nôtre, sur 750,000 livres *qu'elle coûte* annuellement au Trésor public, ne donne que 50 à 60,000 livres de recette *en déduction.* (P. 29-32.)

Malouet (1801),

Ordonnateur de la Guyane, arrivé à Cayenne en 1777.

Mémoires, 6 vol. in-8°, an X ; — *Voyages dans les forêts de la Guyane*
(dans les Mélanges de SUARD, 1803.)

A Surinam, où les montagnes sont à quinze lieues du bord de
la mer, le Hollandais, en y abordant, n'a dû voir qu'une plage
immense, couverte d'eau et de bois pendant la marée et de
boue pendant le jusant. C'est là, dans ce premier instant, que
j'admire et suis épouvanté du courage, de l'industrie, de l'au-
dace de cet Européen, barbotant dans la boue, et disant à son
camarade : « Faisons ici une colonie ; desséchons ce bourbier. »

Lorsque de cette parole il résulte, en moins d'un siècle, quatre
cents habitations contiguës, travaillées sur le même plan, pré-
sentant le même ensemble d'ordre, de vues et de moyens ; lorsque, enfin, je me suis vu sur une des habitations nouvellement
sorties de dessous l'eau, parcourant des jardins aussi bien des-
sinés que les Tuileries, des terrasses aussi bien nivelées que
celle de Bellevue, des canaux de soixante pieds de large sur
deux mille toises de long, je ne me défends pas d'une impression profonde d'admiration, qui se répète chaque fois que j'en
parle. (T. III, p. 91.)

Surinam et Cayenne ont le même sol ; sur tout le reste, il y a
presque la même différence qu'entre les colons hottentots et
ceux de la Touraine.

Les Hollandais ont à cent lieues de nous une colonie florissante ; tout s'y ressemble, hors les plans et les moyens d'institution. *Ce sont deux emplacements égaux, où un architecte in-
telligent et un manœuvre ignorant ont bâti, avec la même dépense, l'un un palais magnifique, l'autre une chaumière
misérable.* (P. 257.)

Mongrolle (1802),

A résidé pendant *12 ans* au *nord* et au *sud* de la Guyane.

La France équinoxiale (In-8°, Paris, an XI.)

Cette colonie (la Guyane) réunit tous les genres de prospérité par les ressources abondantes qui s'y trouvent, par la bonté de son sol encore vierge, par la situation et par la pureté de son air. Que de titres pour faire reprendre à la Guyane française le rang qu'elle doit tenir dans l'Amérique méridionale !

Milord L. B. G. s'exprime ainsi : « L'air de la Guyane est » pur ; son sol est fertile et produit presque sans culture ; les » fruits les plus délicieux y parfument l'air. Enfin, si l'on en » excepte les bords de la mer et un petit nombre de terrains » aquatiques, la Guyane est encore le pays le plus fertile du » monde. »

N'y aurait-il que l'habitation nationale de la Gabrielle, qui, en 1792 ou 1793, produisit près de vingt-cinq milliers pesant de girofle, trouvé égal à celui d'*Amboise*, la culture du cannellier, du muscadier, du théier, du poivrier, de l'arbre à pain, du lichti, du mangoustan, du noyer de Bancoul, il faudrait convenir que la Guyane, sous ce rapport, mérite autant l'attention particulière du Gouvernement que celle des capitalistes, puisque la culture des arbres à épiceries peut offrir une branche de commmerce précieuse à la République.

Nous avons déjà dit plus haut que la Guyane française s'étendait depuis la rive droite des Amazones jusqu'à la rive gauche du Marony, dans une étendue de deux cents lieues de côtes, sur une surface aussi grande que la France entière avec ses augmentations, arrosées de grandes rivières plus larges que le Rhin, et d'un grand nombre de petites qui y affluent en tous sens, indépendamment des criques (petites rivières) qui s'y jettent.

Dix-neuf de ces principales rivières se déchargent dans l'Océan.

Catineau-Laroche (1822),

A visité Saint-Domingue et les colonies des Anglais et des Espagnols.

———

De la Guyane française. (In-8°, 1822.)

———

A la Guyane, il n'y a ni charrues, ni brouettes, ni pelles, ni fourches. ni civières, ni charrettes, ni bêtes de somme, ni bêtes de trait, excepté pour les moulins de quelques sucreries ; il n'y a ni routes, ni ponts, ni bacs ; on y travaille la terre avec la houe ; les hommes y portent les fardeaux sur la tête, même aux plus grandes distances. Dans une foule de localités, dans les environs de Sinnamary, par exemple, on ne peut, faute de routes, de chariots ou de brouettes, transporter sur les habitations une pièce de vin, un baril de farine. Et l'on s'étonne que de pareils cultivateurs ne s'enrichissent pas dans un pareil pays ! et parce qu'il est mal administré, on en conclut qu'il est mauvais et que Dieu l'a condamné à être inhabité ! (P. 34.)

Dans le Mexique, trois millions d'Européens ou descendants d'Européens cultivent la cochenille, l'indigo, le coton, la canne à sucre, et on n'y compte que six mille esclaves africains. La même chose a lieu dans les mêmes proportions dans la Guyane espagnole, sur l'Orénoque et dans la république de Colombie. A en juger seulement par la nature et la beauté des produits, la chaleur y doit être considérable ; et, en effet, elle l'est souvent beaucoup plus qu'à Cayenne. Et cependant cette population, originaire de l'Europe, s'accroît et prospère.

Qu'en faut-il conclure ? C'est que l'homme s'acclimate plus ou moins dans toutes les zones ; c'est que, dans les pays les plus analogues à celui qui l'a vu naître, dans son propre pays même, il périt si ceux qui sont chargés de lui donner des soins le maltraitent, ou bien s'il joue avec sa vie. (P. 40.)

Laboria (1843),

Capitaine d'artillerie de marine, commandant *5 ans* à Cayenne.

———

Les îles du Salut offrent la matière d'un port de mer royal ; quatre-vingts lieues de côtes maritimes, largeur de notre *Guyane*, peuvent se multiplier par une profondeur que termine le Rio-Negro. De cette immense surface, quelques points imperceptibles sont bien connus ; quelques parties seulement, plus imperceptibles encore, sont cultivées ; qui sait les richesses minérales et agricoles que notre insouciance aime mieux nier que de les aller découvrir ? Un défrichement progressif peut y faire rencontrer des mines ; le fer est partout à la Guyane ; *l'argent*, *l'or*, peuvent être quelque part. Tout, dans cette Guyane, n'est-il pas caché plutôt qu'enfoui ? Déchirons le voile qui la couvre, à coups de pioche, de hache et par le soc de la charrue ; s'il ne cache rien de métallique, eh bien ! des débris de ce voile de forêts et d'eau stagnante, et de toute la terre remuée en vain pour y chercher de l'or, nous ferons de l'agriculture ; plus d'un pays, actuellement riche et populeux, n'a eu, dans ses commencements, d'autres mines que celles-là. (P. 159.)

Voyons ses avantages éternels : la brise rafraîchissante, qu'on attend ailleurs à heure fixe et qui manque souvent à sa mission, est incessante à la Guyane ; la température, de 23 à 25 degrés le jour, de 14 à 16 la nuit, est, par conséquent, moins élevée que celles de nos départements méridionaux pendant l'été. Ses fleuves nombreux, ses autres cours d'eaux qui sont innombrables, ses forêts sans limites, ses plaines de terreau, ses prairies couvertes d'eau, temporairement ou à demeure, sont des *inconvénients*, sans doute ; mais que la population s'en empare et la plie à ses besoins, *elle en construira un royaume* en bien moins de temps qu'il en fallut aux plus puissantes nations de l'Europe pour devenir ce que nous les voyons.

———

Moreau de Jonnès (1842),

Officier d'état-major, chef des travaux de statistique, ayant résidé *15 ans* aux colonies.

Rapport sur les colonies françaises (1 vol. in-folio).

Les boucaniers, ces fondateurs des établissements de la France et de l'Angleterre dans l'archipel américain, n'ont-ils pas montré que, malgré une vie turbulente et licencieuse, les Européens peuvent s'y livrer aux plus rudes travaux et braver l'ardeur du climat, lors même qu'ils sont privés de tous les biens de la civilisation? N'appartenaient-ils pas à la race blanche, et nombre d'entre eux n'y occupaient-ils pas un rang distingué, ces premiers colons de la Martinique et de la Guadeloupe, qui défrichèrent, de leurs propres mains le sol de ces belles îles, et qui fondèrent leurs cités !...

En parcourant les montagnes des Antilles, nous avons trouvé dans leurs solitudes de petites habitations délicieusement situées, dont le maître, qui cultivait ses plantations de ses propres mains, était un blanc, et même portait un nom qui s'était fait connaître dans nos assemblées nationales ou qui, jadis, aurait pu être inscrit dans le Livre d'or des Vénitiens ; mais ces rencontres, qui sont rares dans nos colonies, se retrouvent à chaque pas dans les Antilles espagnoles. Porto-Rico est peuplé d'anciens colons de Saint-Domingue, qui s'y sont réfugiés dans leurs malheurs, et qui, guéris des préjugés de leur enfance, se livrent aux travaux des cultures. C'est à leur labeur personnel que l'île doit les belles caféières qui font aujourd'hui sa prospérité.

Il existe à Cuba des Espagnols de race blanche, aussi bons gentilshommes que le roi Pélage, et qui néanmoins exploitent eux-mêmes, par leur travail et celui de leurs enfants, de petites propriétés que leurs soins rendent belles et productives.

Bernard (1843),

Général d'artillerie, ayant habité *20 ans* la Guyane.

Coup d'œil sur la situation agricole de la Guyane française (1842), et
autres ouvrages.

Le sol presque entier de la Guyane est ferrugineux; et il est
déplorable que l'idée ne soit encore venue à personne d'exploiter cette source de richesses. Le fer rapporte plus à l'Angleterre
que l'or et l'argent au Pérou et au Mexique. Nos montagnes ferrugineuses pourraient, à peu de frais, être exploitées comme le
sont celles des Pyrénées, des Cornouailles, de Suède, et mille
autres. Il ne s'agirait point, du moins dans le principe, de ma-
nufacturer le fer, mais seulement de réduire le minerai en fonte
brute. Rien ne serait plus facile que d'établir des hauts-four-
neaux sur nos montagnes ferrugineuses; l'argile est là pour
les construire, le minerai et le bois de chauffage, inépuisables,
sont à pied d'œuvre; des pentes rapides, des ruisseaux, des
criques navigables débouchent dans les rivières, tout offre la
facilité du transport de la gueuse jusqu'à bord des navires qui
doivent les recevoir. De tels établissements ne demanderaient,
dans le principe, que des carbets, si faciles à construire dans
le pays, et il faut peu de bras pour alimenter les fourneaux.
(P. 29.)

Les terres sont inépuisables : si elles s'épuisaient, l'Europe
serait un désert qui, depuis des siècles, ne pourrait nourrir ses
habitants. C'est le contraire qui est la vérité; cette vérité s'est
dévoilée partout où les terres, fatiguées à force d'avoir produit,
ont été rétablies par un travail judicieux. Nous avons lu, dans
le *Moniteur* du 14 août 1832, que la colonie de l'Ile de France,
qui, en 1812, n'exportait que 484,632 kilogrammes de sucre,
en avait exporté, en 1832, par suite de l'emploi de la charrue à
l'exploitation des terres, plus de 40 millions de kilogrammes.

Dumonteil (1823),

Officier du Génie maritime. (E. 14.)

Rapport sur un voyage d'exploration dans l'intérieur de la Guyane française.

Ce sont pourtant ces grands bois, la terreur des habitants de Cayenne, et, d'après ces derniers, le tombeau de tout Européen, et même de tout créole, qui a la témérité de s'y enfoncer ; ce sont, dis-je, ces grands bois que quarante personnes ont habité *pendant soixante et un jours* sans éprouver d'autre malheur que le retour à Cayenne de M. Ronmy. Dans le cours du voyage, quelques nègres ont éprouvé de légères indispositions qui, heureusement, n'ont pas eu de suite, et j'ai eu le bonheur de les ramener tous bien portants.

Au fur et à mesure que l'on s'éloigne de la mer, le terrain devient plus accidenté, les arbres sont plus abondants, et l'on arrive bientôt dans un pays ondulé de collines et coupé, dans tous les sens, d'un nombre infini de rivières et de ruisseaux qui en fertilisent le sol et offrent les moyens économiques d'en exporter les produits. C'est là que la nature ne montre plus de bornes dans la multiplicité et la beauté de ses productions. Partout on rencontre des arbres de toute espèce, dimension et forme, et dont la pesanteur, la dureté, la force, la flexibilité et la durée offrent toutes les variétés possibles...

L'usage journalier que l'on fait à Cayenne d'un grand nombre d'espèces de bois du pays suffit pour attester que, sous le rapport des qualités et de la durée, ils sont bien supérieurs aux bois d'Europe ; ils sont aussi, en général, susceptibles de prendre un plus beau poli...

La mine est là ; il n'y a qu'à l'exploiter !...

Schomburgk (1840),

Célèbre naturaliste qui a parcouru en tous sens, de 1835 à 1839, la Guyane
en qualité de commissaire du Gouvernement anglais.

---

*A description of british Guiana, geographical and statistical, exibiting
his ressources and capabilities.* (London, 1840.)

Située sous la zone torride, la Guyane jouit cependant d'un
climat plus tempéré que les autres colonies de la même lati-
tude.

La température intérieure est des plus douces et le climat très-
sain. On n'y éprouve que deux changements de saison.

Sur le plateau du Rio-Rama, qui s'élève à 7,000 pieds, j'ai
observé que la température varie de 35 degrés, depuis cinq
heures du matin jusqu'à deux heures après midi.

Pendant la nuit, et surtout vers le soleil levant, l'eau est à
peu près de 10 degrés plus chaude que l'air. Les Indiens prennent généralement leurs bains le matin, parce que l'eau est
alors à un degré convenable.

On peut maintenant se rendre à la Guyane en seize ou dix-
sept jours, grâce à l'établissement des bateaux à vapeur.

Le choléra, dont les ravages furent si grands en Asie, en
Europe et en Amérique, et qui enleva le dixième de la population de Québec, n'a jamais été ressenti à la Guyane, non plus
que la grippe.

Il est à remarquer, comme fait curieux, que pendant quatorze
ans aucun officier n'est mort à Berbice.

La salubrité du climat dans l'intérieur de la Guyane est de-
venue proverbiale. On voit beaucoup d'exemples de longévité
parmi les colons qui habitent sur les rivières de Berbice, de
Démérary et d'Essequibo.

La phthisie est inconnue sur la côte. Des personnes atteintes
de cette maladie, et arrivant du Nord ou de l'Amérique, se sont
parfaitement remises.

Il est peu de parties du globe que l'on puisse comparer à la Guyane pour la vigueur et le luxe de la végétation. Pour les personnes accoutumées au sommeil de la nature dans les pays du Nord, où la végétation est sans charmes, la sève puissante et les émanations parfumées des plantes de cette colonie sont un objet d'étonnement et d'admiration.

Le paysage est animé par des légions d'ibis au plumage écarlate, d'aigrettes blanches et de magnifiques flammants, que l'approche du voyageur fait fuir dans les airs ou percher sur le sommet des arbres.

Des arbres gigantesques élèvent leurs cimes à une hauteur inconnue dans les forêts de l'Europe, et forment un contraste varié d'aspect et de feuillage.

Les savanes produisent une grande variété de plantes médicinales d'un mérite reconnu, qu'il serait trop long d'énumérer.

On se fera une idée de la fertilité du sol, quand on saura qu'un acre de terre y produit 6,000 livr. de sucre, ou 20,000 livr. de bananes, et quelquefois 30,000 livres.

Les montagnes qui suivent la direction du méridien sont les seules que l'on pourrait soupçonner de renfermer de l'or et de l'argent; mais la colonie possède un trésor supérieur à tous ces métaux et capable d'enrichir des millions d'habitants : c'est sa merveilleuse fertilité et la variété de son sol et de ses productions naturelles.

La Guyane possède enfin tout ce qui est nécessaire pour former un centre de colonisation; sa fertilité et le grand nombre de communications par eau qui la coupent la mettent à même de soutenir la comparaison avec les contrées de l'Est les plus favorisées, et de devenir, comme l'a prédit sir Walter Raleigh, l'*Eldorado* des possessions occidentales de la métropole. (P. 145 à 155.)

TABLEAU COMPARATIF

DE LA MORTALITÉ

Dans les principales villes de l'Europe et dans la Guyane française.

DÉSIGNATION des LIEUX.	PROPORTION de la MORTALITÉ ANNUELLE.	MOYENNE GÉNÉRALE de la MORTALITÉ ANNUELLE
EUROPE (d'après MONTGOMERY-MARTIN).		
En France	1 individu sur 38	
A Naples	1 — 34	
A Berlin	1 — 34	
Dans le Wurtemberg	1 — 33	
A Paris	1 — 32	1 sur 30, 30/100.
A Nice	1 — 31	
A Madrid	1 — 29	
A Rome	1 — 25	
A Amsterdam	1 — 24	
A Vienne	1 — 23	
GUYANE FRANÇAISE (Statistique officielle).		
En 1836, il est mort	1 individu sur 30	
En 1837, —	1 — 26	
En 1838, —	1 — 27	
En 1839, —	1 — 34	1 sur 28, 80/100.
En 1840, —	1 — 28	
En 1841, —	1 — 28	

Mortalité parmi les garnisons françaises.

(Documents officiels de 1819 à 1838.)

COLONIES.		Effectif annuel de la garnison.	Total du nombre des décès.	Moyenne générale de la mortalité annuelle.
	Sénégal	10,575	1,309	1 sur 8, 8/100
	Guadeloupe	37,314	3,770	1 » 9, 90/100
	Martinique	39,298	4,044	1 » 9, 75/100
	Guyane française	9,176	296	1 » 34, »
	Bourbon	9,627	266	1 » 36, 28/100

ÉTAT DES BOIS PROPRES A ÊTRE EMPLOYÉS.

1re CLASSE (1).	2e CLASSE (2).	3e CLASSE (3).	4e CLASSE (4).	5e CLASSE (5).
Ébène.	Maria-Congo.	Bois-cannelle.	Bocco.	Bois noir.
Bocco.	Balata-singe rouge.	Bois-pagaye.	Panacoco.	Palétuvier blanc.
Bois-golette.	Palétuvier rouge.	Pagelet.	Goyavier rouge.	Mouchigo.
Panacoco.	Canari-macaque.	Parcouri jaune.	Bois-Benoît.	Bois-Marie.
Gaïac.	Cœur-dehors.	Bois-casse.	Bois-Bagot.	Bois-aras.
Bois-divin.	Bois rouge, variété.	Bois violet.	Bois de lettr. de toutes variétés.	Bois-grage noir.
Bois-Benoît.	Balata blanc.	Bois-amer.	Sapotillier.	Bois-encens.
Bois-crapaud.	Spanao blanc.	Bourgouni.	Courbaril.	Manguier.
Balata.	Bois-jaune-d'œuf.	Wapa-petite-feuille.	Satinés de toutes variétés.	Panacoco-grande-feuille.
Rose mâle.	Ansoura.	Angélique.	Matouchi, *idem.*	Bois-cruyeau.
Maho noir.	Wapa huileux.	Bagasse.	Abricotier.	Bois-cracra.
Maho-couratari.	Maho rouge.	Bagasse-terre-basse.	Bois violet.	Bois sucré.
Bois-perroquet.	Nangoci.	Mani.	Bagasse.	Lamoussé rouge.
Couratari.	Saint-Martin	Grignon.	Carapa rouge.	Bois-banane.
Patagai.	Wapo blanc.	Daouinti.	Acajou de toutes variétés.	Bois-homme.
	Courbaril.	Bois-caca.	Goyavier blanc.	Figuier-grand-bois.
	Bois-rameaux.	Carapa blanc.	Gaïac.	Lamoussé
	Wacapou.	Parapout.		Tahouin.
	Bois-de-fer.	Bois-de-rose femelle.		
	Coupi noir	Cèdre-noir-montagne.		Calebassier (6).
	Wapa-courbaril.	Bois-grage blanc.		Coton-Siam.
	Spanao rouge.	Sassafras.		Cacao-grand-bois.
	Bois rouge-tisane.	Grignon-fou.		Bois-canon-grand-bois.
	Baleo.	Bois-de-lait.		Grignon-fou rouge.
	Cèdre-bagasse.	Alapari.		Saouari rouge.
	Panapi.	Cèdre-noir marécage.		Simarouba.
	Poïpo.	Mapa.		Coupaya.
	Préfontaine.	Cèdre jaune.		Bois-bâle.
	Saouari.	Cèdre savane.		Guigamadou.
	Jaoua.			Acajou bâtard.
	Coupi.			Cèdre blanc.
	Parcouri noir.			Immortelle.

(1) Bois que leurs dimensions et leurs qualités rendent propres à la construction des vaisseaux. — Plus pesants que le chêne. — Propres à faire les pièces de la partie inférieure de la carène, qui exigent une longue durée.

(2) Bois d'une pesanteur équivalente à celle du chêne. — Propres à faire de bonnes membrures et d'excellents bordages pour la construction de la coque en général, mais particulièrement pour l'œuvre vive.

(3) Bois d'une pesanteur équivalente à celle des pins, sapins, etc. — Membrures et bordages. — Particulièrement propres à la construction de l'œuvre morte.

(4) Bois à meubles, autrement dits, bois de couleur. — Dans cette classe on trouve rangés quelques-uns des arbres déjà désignés pour la construction ; cela tient à ce que, malgré la beauté de leur bois, ils sont très-abondants.

(5) Bois d'une qualité inférieure. — Ces bois pourraient être utilement employés en planches dont la qualité serait au moins équivalente à celles des planches de peupliers dont on fait un si grand usage en France.

(6) Ces bois sont en général d'une très-faible valeur, et leur emploi ne pourrait être d'aucune utilité dans nos arsenaux, excepté peut-être pour faire quelques houées ou autres objets d'une grande légèreté.

(*Annales maritimes*, 1823, t. II, p. 90 et suiv.)

ÉTAT DES BOIS DE LA GUYANE ANALYSÉS A CAYENNE EN 1821.

NOMS DES BOIS.	POIDS d'un DÉCIMÈTRE cube sec.	NOMS DES BOIS.	POIDS d'un DÉCIMÈTRE cube sec.	NOMS DES BOIS.	POIDS d'un DÉCIMÈTRE cube sec.	NOMS DES BOIS.	POIDS d'un DÉCIMÈTRE cube sec.
Ébène	1.211	Bois-jaune-d'œuf.	0.946	Abricotier.	0.800	Bois-grage blanc	0.588
Bocco.	1.208	Anaoura.	0.938	Pagelet.	0.787	Sassafras.	0.577
Bois-golette..	1.196	Wapa huileux.	0.930	Parcouri jaune.	0.784	Grignon-fou.	0.577
Panacoco.	1.181	Maho rouge.	0.926	Bois-casse.	0.783	Bois-sucré.	0.565
Goyavier rouge..	1.165	Nangocy.	0.922	Bois violet.	0.771	Bois-de-lait.	0.552
Gaïac..	1.153	Saint-Martin.	0.912	Bois amer.	0.769	Lamoussé rouge.	0.551
Bois-divin..	1.140	Wapa blanc.	0.912	Palétuvier blanc.	0.768	Bois-banane.	0.545
Bois-Benoît..	1.124	Courbaril.	0.904	Bourgouni.	0.758	Alapari.	0.532
Bois-crapaud.	1.120	Bois-rameaux.	0.904	Wapa-petite-feuille..	0.756	Cèdre noir-marécage.	0.531
Balata..	1.109	Wacapou.	0.900	Angélique.	0.746	Coton-Siam.	0.529
Rose mâle..	1.108	Bois-de-fer.	0.893	Bagasse.	0.745	Mapa.	0.528
Maho noir..	1.106	Croupi noir.	0.884	Mouchigo.	0.730	Bois-homme.	0.500
Maho-couratari.	1.094	Satiné rouge.	0.877	Bagesse-terre-basse.	0.719	Cacao-grand-bois.	0.496
Bois-perroquet.	1.069	Moutouchi.	0.875	Bois-Marie.	0.717	Cèdre jaune.	0.489
Couratari	1.054	Wapa-courbaril.	0.865	Mani	0.714	Bois-canon-grand-bois.	0.472
Bois-Bagot.	1.052	Spanao rouge..	0.861	Grignon.	0.714	Figuier-grand-bois.	0.457
Patagai.	3 051	Bois rouge-tisane.	0.852	Bois-Aras.	0 687	Lamoussé.	0.454
Bois-de-lettres moucheté.	1.049	Baleo.	0.848	Baouinti.	0.677	Taouin.	0.453
Maria-Congo.	1.049	Cèdre-bagasse.	0.842	Bois-caca.	0.674	Cèdre-savane.	0.431
Balata-singe rouge.	1.043	Bois noir.	0.838	Bois-grage noir.	0.667	Acajou blanc.	0.424
Bois-de-lettres rouge.	1.038	Panapi.	0.835	Bois-encens.	0.662	Grignon-feu rouge.	0.411
Palétuvier rouge.	1.017	Poïpo.	0.829	Carapa blanc.	0.659	Saouari rouge.	0.410
Canari-macaque..	0.993	Préfontaine.	0.827	Papapout.	0.655	Simarouba.	0.403
Cœur-dehors.	0.991	Satiné brun.	0.825	Bois-de-rose femelle.	0.648	Coupaya	0.374
Bois rouge, variété.	0.984	Saouari.	0.820	Cèdre-noir-montagne.	0.648	Bois-bâle.	0.365
Balata blanc.	0.972	Jaoua.	0.819	Manguier.	0.647	Guigamadou.	0.364
Sapotilier.	0.968	Coupi.	0.819	Panacoco-grande-feuille.	0.6 3	Acajou bâtard.	0.349
Mencouar.	0.957	Parcouri noir.	0.816	Calebassier.	0.633	Cèdre blanc	0.334
Goyavier blanc.	0.967	Bois-cannelle.	0.801	Bois-cruseau.	0.611	Immortelle.	0.317
Spanao blanc.	0.946	Bois-pagaye.	0.800	Bois-crucra.	0.592		

LISTE

DE 320 AUTEURS QUI ONT ÉCRIT SUR LA GUYANE,

Dont les ouvrages se trouvent à Paris, dans les Bibliothèques ci-après désignées, et qui tous sont unanimes sur les avantages de son séjour et de son exploitation par les Européens.

Aux Archives de la Marine.

1 Albon (D'). Mémoire concernant la Guyane. Manuscrit, 1700.
2 Anonyme. Établissement de la colonie de Cayenne. Manuscrit, 1700.
3 Anonyme. Mémoire abrégé sur la même. Manuscrit, 1753.
4 Anonyme. Établissement des blancs dans la Guyane. Manuscrit, 1755.
5 Beauveset (De). Établissement sur la rive de l'Orénoque. Manuscrit, 1742.
6 Béhague (De). Établissement de la Guyane, avec 70 Mémoires Manuscrit, 1764.
7 Bessner (De). Collection de Mémoires sur Tonnegrande. Manuscrit, 1785.
8 De la Boulaye. Mémoire sur Cayenne et la Guyane. Manuscrit, 1715.
9 Duchesne. Plan de république pour la Guyane. Manuscrit, 1794.
10 Essarts (Des). Examen des avantages à retirer de la Guyane. Manuscrit, 1748.

Bureaux des Colonies, au Ministère de la Marine.

1 Anonyme. Établissement du baron Bessner à Tonnegrande. Cayenne, 1821.
2 Anonyme. Du Voakoa (*Feuille de la Guyane*, t. V). Cayenne, 1824.
3 Anonyme. Du ménagement du bétail (*idem*, t. V). Cayenne, 1824.
4 Bonnefoux. Navigation de la Guyane française (*idem*). Cayenne, 1822.
5 Brodel. Itinéraire de ce géographe (*idem*). Cayenne, 1770.
6 Commission. Procès-verbaux de la commission de colonisation maritime, 1842.
7 Couturier de Saint-Clair. Exploration de la Gabrielle à la mer. Cayenne, 1782.
8 Desfontaines. Sur le quinquina (*Feuille de la Guyane*). 1818.
9 Gérard. Ménagers et haras (*idem*, t VI). Cayenne, 1825.
10 Gotellerie (De la). Giroflier, poivrier, cannellier et muscadier (*idem*). Cayenne, 1820.
11 Guisan, ingénieur. Les savanes de Kaw (*idem*). Cayenne, 1778.
12 Mentelle. Voyage chez les Indiens de la Guyane (*idem*, t. II). 1767.
13 Le même. Voyage autour de la Guyane, et carte (*idem*, t. III). 1767.
14 Le même. Limites entre les Français et les Portugais (*idem*, t. III). 1790.
15 Le même. Colonisation des blancs (*idem*, t. Ier). 1799.

16 Milthiade. Voyage de l'auteur aux Oyampis (*Feuille de la Guyane française,* t. IV). 1822.

17 Le même. Voyage d'Oyapock aux Emérillons (*idem,* t. III). 1822.

18 Noyer. Culture du muscadier à Cayenne (*idem,* t. II). 1821.

19 Perrotet. Culture du vanillier (*idem,* t. V). 1824.

20 Le même. Culture des arbres à épices, et salsepareille, (*idem,* t. V). 1824.

21 Le même. Notes sur un arbre résineux non décrit (*idem,* t. V). 1824.

22 Philippe (De Saint-). Établissement de Macouria (*idem,* t. II). 1820.

23 Pitou. Voyage à Cayenne, 2 vol.; Paris, 1805.

24 Thibault. Du labourage à bœufs dans la Guyane (*Feuille de la Guyane française,* t. III). 1822.

25 Zény, ingénieur. Surinam et Démérary (*idem,* t. V). 1824.

Bibliothèque du Dépôt de la Marine.

1 Anonyme. Recueil de voyages en Afrique et en Amérique, in-4°. Paris, 1674.

2 Anonyme. Réflexions sur la Guyane, in-8°. Paris, 1788.

3 Bruno-Rivière. Observations générales sur la Guyane, in-8°. Bordeaux, 1827.

4 Depons. Voyage à la partie orientale de l'Amérique, in-8°. Paris, 1806.

5 Fernagus. Relation de la déportation sous le Consulat, in-8°. Paris, 1802.

6 Froyer. Relation d'un voyage fait de 1695 à 1697, in-8°. Paris, 1698.

7 Giraud. Mémoire sur la Guyane et ses avantages, in-4°. Paris, an XII.

8 Jeannet-Oudin commissaire civil. Compte-rendu de sa gestion. Paris, an III.

9 Prudhomme. Voyage à la Guyane et à Cayenne, in-8°. Paris. 1798.

10 Ulloa. *Dissertacion historica et geographica sobre,* etc., in-12. Madrid, 1649.

Bibliothèque du Ministère de la Marine et des Colonies.

1 Bernard (Général). Mémoire sur le travail des Européens à la Guyane. La Rochelle, 1827.

2 Keymis. *A relation of the second voyage to Guiana,* in-4°. London, 1598.

3 Noyer. Mémoire sur la Guyane française, in-8°. Cayenne, 1824.

4 Raleigh (W.). *The discoverie of the empire of Guiana,* in-4°. London.

5 Soleau. Notes sur les colonies de Surinam et Démérary. Cayenne, 1835.

6 Terraube (Gaillard de). Tableau de Cayenne, in-8°. Paris, an VII.

Dépôt des Fortifications de la Marine.

1 Anonyme. Mémoire au marquis de Seygnelay sur Cayenne. Manuscrit, 1685.

2 Anonyme. Mémoire sur la Guyane française. Manuscrit, 1763.

3 Anonyme. Mémoire sur la Guyane. Manuscrit, 1780.

4 Anonyme. Mémoire sur Cayenne, et des colons européens. Manuscrit, 1780.

5 Anonyme. Notes sur la situation générale de la Guyane. Manuscrit, 1815.

6 Arod (D'). Mémoire sur *idem,* au duc de Luxembourg. Manuscrit, 1817.

7 Bagot (J.). Journal et remarques sur les bois de construction. Manuscrit, 1777.

8 Baussay (De). Mémoire sur la culture du tabac à la Guyane. Manuscrit, 1784.

9 Bessner. Collection de Mémoires 1775 à 1785.

10 Blanche. Esquisse sur la colonisation de la France équinoxiale. Manuscrit, 1819.

11 Brodel. Mémoire sur l'exploitation des bois de la Guyane. Manuscrit, 1774.

12 Chapel. Mémoire sur le minerai de fer de Grand'Marée. Manuscrit, 1788.

13 Chevillard. Procès-verbal d'épreuves des bois de la Guyane. Manuscrit, 1775.

14 Dumonteil. Rapport sur un voyage d'exploration dans l'intérieur. Manuscrit, 1820.

15 Ennery (D'). Détails particuliers sur Cayenne et ses établissements. Manuscrit, 1789.

16 Ferolles (De). Relation de mon voyage des Amazones. Manuscrit, 1697.

17 Fresneau. Mémoire sur divers sucs laiteux d'arbres. Manuscrit, 1749.

18 Gautier. Plan d'une colonie sur les bords de l'Oyapock, in-4°. Paris, 1791.

19 Giraud. Mémoire sur les causes du produit des terres de Cayenne, in-4°. Paris 1767.

20 Godin des Odonais. Navigation de l'Amazone et agrandissement. Manuscrit, 1750.

21 Le même. Mémoire sur les bois de l'île de Cayenne. Manuscrit, 1750.

22 Guisan. Précis d'un voyage fait à Oyapock. Manuscrit, 1778.

23 Le même. Mémoire sur l'exploitation des bois de la Guyane, in-4°. Cayenne. 1785.

24 Instructions. Instr. nautiques sur les côtes de la Guyane, in-4°. Paris, 1808.

25 Jonnès (Moreau de). Statistique de la Guyane française. Manuscrit, 1817.

26 Laborde (De). Voyage pour découvrir l'arbre *quachicassia amara*. Manuscrit 1771.

27 Lafond de Ladebat. Projet de culture et commerce pour la Guyane. Manuscrit, 1776.

28 Lalaüe. Mémoire sur la Guyane. Manuscrit, 1777.

29 Lartigue (De). Instructions nautiques sur les côtes de la Guyane. Paris, 1827.

30 Lescallier. Culture entre le *Kaw* et l'*Approuaga*. Manuscrit, 1785.

31 Le même. État de la colonie de Cayenne en 1786. Manuscrit, 1786.

32 Le même. Mémoire sur la colonie de la Guyane française. Manuscrit, 1788.

33 Mentelle. Mémoire joint à la carte de son voyage à l'Idam. Manuscrit, 1768.

34 Le même. Mémoire sur la géographie de la Guyane. Manuscrit, 1770.

35 Orvilliers (D'). Mémoire sur la colonie de Cayenne. Manuscrit, 1748.

36 Paul. Notice sur la Guyane française. Manuscrit, 1810.

37 Polony, capitaine de vaisseau. Instructions nautiques. Rochefort, an VII.

38 Préfontaine (De). Parallèle entre le nord et le sud de la Guyane. Manuscrit, 1762.

39 Règlement sur les nègres de la Guyane, in-f°. Cayenne, 1785.

40 Renau. Description de la Guyane. Manuscrit, 1700.

41 Robert. Remarques sur la culture de l'*indigo*. Manuscrit, 1785.

42 Rochelle. Mémoire sur les gommiers arabiques à la Guyane. Manuscrit, 1764.

43 Rosembourg (De). Mémoire pour le peuplement par familles acadiennes. Manuscrit, 1780.

44 Suque. Tableau de la Guyane française. Manuscrit, 1802.

45 Terrasson. Observations sur la même. Manuscrit, 1819.

Bibliothèque de l'Arsenal.

1 Barrère. Description des côtes, mœurs et coutumes, fig. 12. Paris, 1743.

2 Lescallier. Notion sur la culture des terres basses, in-8°. Paris, 1798.

Bibliothèque de M. Ferdinand Denis.

1 Freytag. Mémoires du général Freytag, 2 vol. in-8°. Paris, 1824.

2 Leblond. Observations sur la fièvre jaune, in-8°. Paris an XIII.

3 Le même. Description abrégée de la Guyane française, in-8°. Paris, 1814.

Bibliothèque du Muséum d'Histoire naturelle.

1 Leblond. Mémoire sur la culture du poivrier à la Guyane. Manuscrit, 1802.

2 Milhau (De). Histoire de Cayenne, avec cartes et figures, in-8°. Manuscrit, 1732.

3 Schomburgk. *Twelve views the interior of Guiana*, in-f°. London, 1841.

Bibliothèque nationale.

1 Aimé. Sa déportation, et mortalité des déportés, in-8°. Paris, 1800.

2 Alibert, soldat de Louis XIV (*Physiologie des passions*, t. II). Paris, 1824.

3 Anonyme. Lettres espagnoles, traduites, sur la Guyane. Manuscrit, 1597.

4 Anonyme. Liste des bois de la Guyane (*Annales maritimes*, 2ᵉ p., t. II). 1825.

5 Anonyme. Expédition de 1824 au Maroni (*idem*, 2ᵉ p.). 1825.

6 Anonyme. Préservatif contre les insectes qui ravagent les cotonniers (*idem*). 1826.

7 Anonyme. Succès des mûriers et vers à soie (*Annales maritimes*, 2ᵉ p., t. Iᵉʳ). 1827.

8 Anonyme. Salubrité, et *immenses* avantages de la culture du coton (*id.*). 1826.

9 Avezac (D'). Voyage de Leprieur dans l'intérieur (*Société géographique*). Novembre 1834.

10 Bagot (Théodore de). Voyage dans l'intérieur (*idem*). 1841.

11 Barbé-Marbois. Journal d'un déporté du 18 février, non jugé, Paris, 1835.

12 Bauve (Adam de). Voyage dans l'intérieur (*Bulletin de la Société de géographie*) 1834.

13 Beauregard (De). *Ma déportation à la Guyane*, 2 vol. in-12. Poitiers, 1842.

14 Brun. Lettres du P. Brun, du pays des Arcarets. Manuscrit, 1671.

15 Carra-Saint-Cyr. Lettres sur la bonne santé des troupes (*Annales maritimes*, 2ᵉ partie). 1818.

16 Chieusse. Plantes du Brésil, intᵉˢ à la Guyane (*idem*, t. II). 1827.

17 Comité. Vaccination à Cayenne (*idem*, 2ᵉ partie, tome II) 1832.

18 Commission. Expérience sur les bois de la Guyane, à Brest (*idem*). 1826.

19 Condamine (De la). Voyage à travers l'Amérique, in-8°. Paris, 1745.

20 Cousinéry. Voyage à Démérary et Surinam, cartes (*Annales maritimes*). 1831.

21 Decaze, Compagnie de colonisation, in-8°. Paris, 1826.

22 Denis (F.). La Guyane, son histoire et ses mœurs (*idem*. 2 vol. in-18). 1823.

23 Le même. Résumé de l'histoire du Brésil et la Guyane (2 vol in-18. Paris, 1825.

24 Desfontaines, Jussieu, etc. Rapports sur le rocouyer (*Société d'Agriculture de la Seine*). 1804.

25 Desfontaines. Rapp. d'un Mémoire de M. Leblond sur le poivrier (*Annales du Muséum*). 1802.

26 Dumonteil. Voyage d'exploration dans l'intérieur. Manuscrit, 1820.

27 Eynard Guysan, sa vie et ses travaux à la Guyane, in-12. Paris, 1844.

28 Fermin (Ph.). Maladies de Surinam. Maëstricht, 1764.

29 Le même. Histoire naturelle de la Hollande équinoxiale. Amsterdam, 1765.

30 Le même. Description générale de Surinam, fig. et cartes. Amsterdam, 1765.

31 Fortia (De). Art de vérifier les dates, 3ᵉ partie, t. V. Paris, 1834.

32 Fusée-Aublet. Plantes de la Guyane, 4 vol. in-4°. Londres, 1775.

33 Gatier. Instruction sur les côtes de la Guyane (*Annales maritimes*, t. II). 1826.

34 Gatier, capitaine de vaisseau. Notes sur la Guyane *(Annales scientifiques d'Auvergne)*. 1829.

35 Grenot. Expériences sur l'*indigo*. Manuscrit, 1763.

36 Grillet. Lettres du Père Grillet, de Cayenne (*idem*). 1671.

37 Guisan. Journal d'un voyage aux *savanes* (Mémoires de Malouet). 1778.

38 Le même. Terres noyées et leur desséchement. In-4°. Cayenne, 1778.

39 Gumilla. *Informe que hace a S. M. el P. Joseph Gumilla*, etc. In-f°. 1740.

40 Le même. *El Orinoco illustrado y defendido.* (Traduit.) Avignon. 1758.

41 Henry. Tableau de Cayenne et Surinam, in-8°. Paris, 1798.

42 Hillhouse. Voyage dans la Guyane anglaise. Londres, 1832.

43 Le même. Notice sur les Indiens (*Annales des Voyages*, t. Iᵉʳ). 1833.

44 Humboldt. Voyage aux régions équinoxiales, in-4°. Paris, 1815.

45 Le même.   *idem.*   en 1799 et 1804. Paris, 1815.

46 Le même. Limites de la Guyane française (*Archives de Schall*, t. Iᵉʳ).

47 Le même. Points importants de géographie (*Annales des Voyages*, t. II). 1837.

48 Janiçon. Dépendance des Provinces-Unies, 2 vol. in-12. 1739.

49 Jouy (De). L'Hermite de la Guyane, 3 vol. in-12. Paris, 1817.

50 Larue (De). Histoire du 18 fructidor, in-8°. Paris, 1821.

51 Laugier. Examen des terres de la Mana (*Annales maritimes*, t. II). 1824.

52 Leblond. Culture du cannellier à la Guyane (*Société d'Agriculture*). 1800.

53 Le même. Culture et civilisation (*Société d'Agriculture de la Seine*, t. V). 1803

54 Le même. Mémoire sur la culture du rocouyer (*Société d'Agriculture de la Seine*, t. VI). 1804.

55 Le même. Voyage aux Antilles, de 1776 à 1802, in-8°. Paris, 1813.

56 Lescarbot. Histoire de la Nouvelle-France, in-8°. Paris, 1609.

57 Lettres édifiantes. (*Missions de l'Amérique*). Passim.

58 Ligendes (Vidal de). Spoliation des Portugais en 1839. Paris, 1839.

59 Malouet. Mémoires sur la Guyane, 6 vol. in-8°. Paris, an x.

60 Le même. Voyage dans les forêts (*Mélanges de Suard*, t. Iᵉʳ). 1803.

61 Martin. Notice sur les épiceries (*Annales d'Histoire naturelle*, t. Iᵉʳ). 1802.

62 Le même. Culture de l'arbre à pain (*idem*, t. II). 1808.

63 Mérian (Sibylle de). Insectes et plantes de Surinam. Amsterdam, 1726.

64 Mérimée. Rapport sur la résine (*Annales maritimes*, t. II). 1827.

65 Mirbel. Culture du pavot à Cayenne (*idem*, t. Iᵉʳ). 1834.

66 Noyer. De la résine élastique (*idem*, t. II). 1823.

67 Le même. Mémoire sur la *barre* de marée (*idem*, t. II). 1824.

68 Le même. Mémoire sur les naturels de la Guyane (*idem*, t. Iᵉʳ). 1824.

69 Le même. Du manioc et de ses produits (*idem*, t. Iᵉʳ). 1824.

70 Le même. Le caïman et l'agami (*idem*, t. Iᵉʳ). 1826.

71 Le même. Les vautours de la Guyane (*idem*, 2ᵉ partie, t. Iᵉʳ). 1826.

72 Le même. Géographie de la Guyane (*idem*, 2ᵉ partie, t. Iᵉʳ). 1830.

73 Le même. Notice sur S. Mentelle (*Annales maritimes*, 2ᵉ p., t. Iᵉʳ). 1834.

74 Noyer. Lettre à la Société de géographie (*Bulletin de la Société*, t. II). 1834.

75 Pagan (Comte de). La Rivière des Amazones, in-8°. Paris, 1655.

76 Penaud. Voyage à la côte méridionale de la Guyane (*Annales maritimes*, t. II). 1836.

77 Perrotet. Voyage dans l'Inde (*Annales maritimes de May*). 1842.

78 Philibert. Nomenclature d'histoire naturelle (*idem*, 2e p.). 1820.

79 Portal (Baron). Colonie de la Mana (Rapport) (*idem*). 1821.

80 Ramel. Journal sur la déportation du 18 fructidor, in-8°. Londres, 1799.

81 Le même (*suite*). Anecdotes sur   idem,   1 v. in-8°. Paris, 1799.

82 Raynal. Commerce des Européens dans les deux Indes, 6 vol. Amsterdam, 1770.

83 Reynaud. Guyane entre l'Oyapock et l'Amazone (*Société géologique*), janv. 1839.

84 Richard. Plantes utiles à introduire (*Mémoire de l'Institut*). Mes et Ph., t. II.

85 Roquette. Rites funèbres des Indiens du Rio-Negro (*Annales maritimes*, t. Ier). 1828.

86 Roux. Études de la Guyane (*idem*, 2e p., t. II). 1837.

87 Soleau. Notes sur les trois Guyanes et les Antilles (*idem*, 2e p., t. II). 1835.

88 Stedam. Voyage à Surinam et à la Guyane. Paris, an VII.

89 Tertre (Du). Histoire générale des Antilles; cartes et figures; 4 vol. in-4°. Paris, 1671.

90 Thomas. Utilité des forêts de la Guyane (*Annales maritimes*, 2e p.). Paris, 1816.

91 Thury (Héricart de). Du palmiste et du baobab (*idem*). Paris, 1842.

92 Walkenaër (Baron). Nouvelles découvertes (*Annales des Voyages*, t. III). 1837.

93 Zény. Mise en valeur des terres de la Guyane (*Annales maritimes*, 2e p. t. II). 1828.

Bibliothèque de la Société d'études pour la colonisation de la Guyane.

1 Anonyme. *The colonial Policy of Great Britain*, etc. London, 1816.

2 Bernard (Général). Situation agricole de la Guyane. Paris, 1842.

3 Le même. Culture du poivrier depuis 1787, in-8°. Paris, 1843.

4 Le même. Projet d'établissement d'une sucrerie, in-8°, 1843.

5 Goussard. Notes sur la Guyane française. Manuscrit, 1843.

6 Jonnès (Moreau de). Statistique sur l'esclavage colonial. Paris, 1842.

7 Laboria. Guyane et sa colonisation, in-8°. Paris, 1843.

8 Lacroix (De). Mémoire *idem*, au ministre. Manuscrit, 1775.

9 Laroche (Catineau). Colonisation de la Guyane supérieure. Manuscrit, 1819.

10 Le même. *Idem*. Peuplement par des Européens. Manuscrit, 1821.

11 Leblond. Projet de colonisation à la Guyane. Paris, 1843.

12 Lechevalier. Études d'institution coloniale, in-fo. Paris, 1840.

13 Le même. Renseignements sur les questions coloniales. Paris, 1841.

14 Le même. Note sur la fondation d'une nouvelle colonie, me. Paris, 1844.

15 Le même. Rapport sur un voyage à la Guyane, 2 vol. in-fo. Paris, 1844.

16 Leschenault de la Tour. Voyage à Surinam, in-4°. Cayenne, 1824.

17 Martin (Montgomery). *Statistics of the colonies*, etc. London, 1839.

18 Milliroux. Émigration à la Guyane anglaise, in-8°. Paris, 1842.

19 Le même. Démérary. — De l'esclavage à la liberté. Paris, 1843.

20 Ministère. Colonisation des bords de la Mana. Paris, 1835.

21 *Idem.* Statistique sur la Guyane. Paris, 1843.

22 *Idem.* Précis de l'expédition de Kourou. Paris, 1842.

23 Nouvion (Victor de). Extraits des auteurs qui ont écrit sur la Guyane, 1844.
24 Le même. Catalogue bibliographique de la Guyane. Paris, 1844.
25 Pazos (D. Viciente). Navigation à vapeur entre la Guyane et le Pérou, 1844.
26 Ronmy. Émancipation des esclaves à la Guyane française. Brochure in-8°.
27 Tascher. Rapport au président du conseil sur la Guyane, in-8°, 1843.
28 Ternaux-Compans. Notice historique sur la Guyane (*Société*), 1843.

Bibliothèque de M. Ternaux-Compans.

1 Acuna (Christoval de). *Nuevo descubrimiento*, etc. Madrid, 1841.
2 Aigremont (D'). Relation d'un voyage au cap Nord, etc. Paris, 1654.
3 Anonyme. Impulsion créatrice à la Guyane. Brochure. Paris, 1835.
4 Aubert (A.). Résultats de la liberté des Noirs. Martinique. 1837.
5 Bajon, chirurgien de Cayenne. Mémoires, 2 vol. Paris, 1777.
6 Barkshire. *A Publication of Guiana's plantation*. London, 1632.
7 Barre (De la). Description de la France. (*El Dorado*). Paris, 1766.
8 Barrère. Essai sur l'histoire naturelle de la Guyane. Paris, 1749.
9 Bellin. Description géographique de la Guyane, in-4°. Paris, 1763.
10 Biet (Antoine). Voyage à l'île de Cayenne, in-4°. Paris, 1664.
11 Bolingbroke. *A Voyage to the Demerary*, etc. London, 1807.
12 Clodoré. Guerres et description de Cayenne, 2 vol. in-12. Paris, 1671.
13 Code de procédure civile de la Guyane. Cayenne, 1821.
14 Commissaires. Rapport sur le mal rouge de Cayenne, in-8°. Paris, 1785.
15 Harcourt (R.) *A Relation of Voyage to Guiana*, etc., in-4°. London, 1613.
16 Jacquemin. Mémoire de la Guyane française. Paris, 1798.
17 Labat. Voyage du chevalier des Marchais à Cayenne. Paris, 1730.
18 Laroche (Catineau). De la Guyane française, etc., in-8°. Paris, 1822.
19 Leblond (J.-B.). Rapport, etc. (*à la suite de l'ouvrage* Mongrolle). Paris, 1802.
20 Lescallier. Moyens pour mettre la Guyane en valeur, in-8°. Paris, 1791.
21 Mongrolle. La France équinoxiale, in-8°. Paris, 1802.
22 Moquet (Jean). Voyage aux Indes orientales et occidentales. Paris, 1616.
23 Pelleprat. Missions des Jésuites aux terres d'Amérique, in-8°. Paris, 1655.
24 Petit-Puy (Boyer de). Description des mœurs des sauvages. Paris, 1654.
25 Préfontaine (De). Maison rustique pour Cayenne, 1 vol. in-8°. Paris, 1763.
26 Saint-Amand (Ch. de). Des colonies de la Guyane, in-8°. Paris, 1822.
27 Sanfort (Robert). *Surinam Justice in the case*, etc. London, 1662.
28 Schomburgk. *A Description of british Guiana*, etc. London, 1840.
29 Coup d'œil sur Cayenne, in-8°. Paris, 1823.

Bibliothèque du Ministère de l'Agriculture et du Commerce.

1 Bosch (Van den). *Nederlandische Bezittingen in Azia*, etc. Amsterdam, 1818.
2 Feenstra. *Verslag wegens de meest Bekend edele*, etc. Amsterdam, 1831.

Bibliothèque Mazarine.

1 Thevet (André). Les Singularités de l'Amérique, etc. Paris, 1558.

Bibliothèque du comte Du Parc d'Avaugour.

1 Anonyme. *Surinam in deszelfs tegenwordigen Toetstand*, etc. Amsterdam, 1823.
2 Gerstner (Clara von), *Reise durch die Vereinigten Staaten*, etc. Leipzig, 1842.
3 Kergulen (De). Relation de deux voyages aux Indes, etc., in-8°. Paris, 1782.
4 V. Ross. *Die Vereinigten Staaten von Nord-Amerika.* Elberfeld, 1851.
5 De la Pilorgerie. Examen des effets de la déportation à Botany-Bay. Paris, 1836.
6 Anonyme. Voyage dans la haute Pensylvanie, etc., 3 vol. in-8°. Paris, 1801.

Diverses Bibliothèques et Cabinets littéraires.

1 Anonyme. Lettres de Cayenne sur l'établissement des Français. Paris, 1653.
2 Anonyme. *Beschriwing van Surinam, en Guiana*, etc. in-4°. Amsterdam. 1671.
3 Anonyme. *Ausführliche Beschreibung von Surinam*, in-12. 1672.
4 Anonyme. *Beschriwing van de volksplanting in Surinam.* Leuwarden, 1718.
5 Anonyme Recueil de voyages dans l'Amérique méridionale. Amsterdam, 1738.
6 Anonyme. Remarques sur le tableau de M. Firmin Juvinau. Amsterdam, 1779.
7 Anonyme. *An historical view of Surinam*, etc. London, 1781.
8 Anonyme. Sur la multiplication des bestiaux à la Guyane. Cayenne, 1787.
9 Anonyme. Essai historique sur la colonie de Surinam. Paramaribo, 1788.
10 Anonyme. *Geschiednis der colonie van Surinam.* Amsterdam, 179 .
11 Anonyme. *Nachricht von Surinam und seine Einwohner.* Gorlitz, 4808.
12 Anonyme. Compagnie pour l'exploitation des bois de la Guyane. Paris, 1826.
13 Bancroft (E.). *An essai of the history of Guiana.* London, 1769.
14 Baumont (Simon Van). *Pertinente beschriwinge van Guiana.* Amsterdam, 1676.
15 Benoît (J.-P.). Voyage à Surinam, avec 100 fig., etc. Bruxelles, 1840.
16 Berkel (Adrian Van). *Beschreibung seiner Reise nach Berbice.* Memingen, 1789.
17 Beyer. *Beitrage zur Kenntnisse des g. st. von Surinam.* Nieresberg, 1821.
18 Blome (A.). *Verhandeling over de landbowing in Surinam.* Haarlem, 1786.
19 Brankfort. *History of Guiana.*
20 Casimir. *Gründlicher Bericht des Landes. C. von Hanau.* Francfort, 1669.
21 Castell (William). *A short discovery of America.* London, 1664.
22 Castellanos. *Primera parte de las elegias de los varones*, etc. Madrid, 1589.
23 Cauli (Fr.-Antonio). *Historia corografica de Guiana*, etc. Madrid, 1779.
24 Chevillard. Desseins du cardinal de Richelieu sur l'Amérique. Rouen, 1659.
25 Clark. *A Summary of colonial Law*, etc.
26 D. L. S. Dictionnaire Galibi présenté sous deux formes. Paris, 1663.
27 Hartsink. *Beschryving van Guiana*, etc. Amsterdam, 1770.
28 Itier. Aperçu sur la constitution géologique de la Guyane. Manuscrit, 1843.
29 Le même. Météorologie de la Guyane. Manuscrit, 1843.
30 Keyen. *Kurzer Entwurf von Neu-Niederland*, in-4°. Leipzig, 1672.
31 Kœnig. *Surinam und seine Bewohner.* Erfurt, 1805.
32 Laborde (De). Voyage dans l'intérieur de la Guyane. Manuscrit, 1772.
33 Laroche (Catineau). Notice sur la Guyane et la Mana. Paris, 1822.

34 Leblond (J.-B.). Suppression de la mendicité par l'émigration, in-8°. Paris, 4791.

35 Leigh (Charles). *His Voyage to Guiana and plantation*. In-8°. 1664.

36 Lohman (Van C.-W.). *Reise nach Cayenne* (traduction). Hamburg, 1799.

37 Luder (A.-F.). *Statistische Beschreibung der Besitzungen*. Braunschweig, 1792.

38 Ludwig. *Neueste Nachrichten von Surinam*. Iena, 1788.

39 Man (Henri Liste). *Journal of a passage to the Atlantic*. London, 1829.

40 Nichol (John). *A houre-glass of Indian news*, etc., in-4°. London, 1607.

41 Noyer. Colonisation sur la Mana,   idem.   idem.

42 Le même. Des forêts vierges de la Guyane, in-8°. Paris, 1827.

43 Peters. *Reise von Amsterdam nach Surinam*. Bremen, 1788.

44 Pistorius (Thomas). *Beschriwinge van Surinam*. Amsterdam, 1768.

45 Richter. Observations faites dans l'île de Cayenne. Paris, 1679.

46 Riemer (J.-A.). *Mimons Reise nach Surinam*. Littau, 1801.

47 Rodriguez (Mansel). *El Maranon y Amazonas*. Madrid, 1684.

48 Ruyz-Blanco (Mathias). *Conversion de Piritu de Indios*, etc. Madrid, 1690.

49 Sack (Albert von). *A Narrative of a Voyage to Surinam*. London, 1810.

50 Sommelsdick. *Consideration over de directie van Surinam*. Surinam, 1787.

51 Sprengel (Gily). *Nachricht von dem Lande Guyana*. Hamburg, 1785.

52 Teenstra. *Verslag wegens de meest Bekend houtsorten*. Amsterdam, 1831.

53 Walter. *A Voyage of the West-Indies*, etc. London, 1820.

54 Warren (G.). *An impartial Description of Surinam*. London, 1667.

55 Watterton (Charles). *Wanderings in South-America*. London, 1825.

56 Wilson (John). *Account of Guiana*, etc. 1606.

57 Rothschild. *Bemerkungen uber das Klima von Essequebo*. Francfort, 1796.

---

320 écrits sur la Guyane!!! Que de matériaux enfouis, dont Paris et la province ignorent jusqu'à la seule existence!...

Observation. — Le précieux travail de *M. Victor de Nouvion*, formant un volume de 702 pages, mentionné dans la liste précédente au n° 23 de la *Bibliothèque de la Société des Etudes*, ne saurait être assez consulté. C'est un heureux résumé de 110 ouvrages, tous favorables à la Guyane, et qui prouvent d'une manière plus détaillée que nous ne pouvons le faire ici, — mais non plus péremptoirement, — qu'il se trouve à *la Guyane* de l'espace et de beaux et odorants ombrages pour abriter doucement bien des misères, comme aussi des richesses pour fonder bien des fortunes.. C'est *un* EDEN *réservé par la Providence pour servir de consolation à* l'ancien monde, *dans ses plus mauvais jours de détresse.*

PARIS. — IMPRIMERIE CENTRALE DE NAPOLÉON CHAIX ET Cie, RUE BERGÈRE, 20.